AF567248

Ute Wehrle

Freiburg

Links und rechts der Bächle

Geschichten & Anekdoten

Bildnachweis

Titelbild: ullstein bild–imageBroker/Daniel Schoenen

Landesarchiv Baden-Württemberg, Staatsarchiv Freiburg W 134 Nr. 027164b /Fotograf: Willy Pragher: S.5; Landesarchiv Baden-Württemberg, Staatsarchiv Freiburg W 134 Nr. 048437b /Fotograf: Willy Pragher: S.6; Landesarchiv Baden-Württemberg, Staatsarchiv Freiburg W 134 Nr. 048438a /Fotograf: Willy Pragher: S.8; Landesarchiv Baden-Württemberg, Staatsarchiv Freiburg W 134 Nr. 037723b /Fotograf: Willy Pragher: S.15; Landesarchiv Baden-Württemberg, Staatsarchiv Freiburg W 134 Nr. 094119 /Fotograf: Willy Pragher: S.18; Landesarchiv Baden-Württemberg, Staatsarchiv Freiburg W 134 Nr. 096507j /Fotograf: Willy Pragher: S.21; Landesarchiv Baden-Württemberg, Staatsarchiv Freiburg W 134 Nr. 083977a /Fotograf :Willy Pragher: S.26; Landesarchiv Baden-Württemberg, Staatsarchiv Freiburg W 134 Nr. 054865h /Fotograf: Willy Pragher: S.28; Landesarchiv Baden-Württemberg, Staatsarchiv Freiburg W 134 Nr. 019373a /Fotograf Willy Pragher: S.30; Landesarchiv Baden-Württemberg, Staatsarchiv Freiburg W 140 Nr. 12982 /Fotograf: Marlis Decker, S.31; Landesarchiv Baden-Württemberg, Staatsarchiv Freiburg W 134 Nr. 027359a /Fotograf: Willy Pragher: S.35; Landesarchiv Baden-Württemberg, Staatsarchiv Freiburg W 134 Nr. 074343 /Fotograf: Willy Pragher: S.39; Landesarchiv Baden-Württemberg, Staatsarchiv Freiburg W 134 Nr. 083540 /Fotograf: Willy Pragher: S.40; Landesarchiv Baden-Württemberg, Staatsarchiv Freiburg W 140 Nr. 08997 /Fotograf: Marlis Decker: S.43; Landesarchiv Baden-Württemberg, Staatsarchiv Freiburg W 134 Nr. 094173a /Fotograf: Willy Pragher: S.46; Hans Jürgen Kugler: S. 53; Landesarchiv Baden-Württemberg, Staatsarchiv Freiburg W 134 Nr. 036187f / Fotograf: Willy Pragher: S.55; Landesarchiv Baden-Württemberg, Staatsarchiv Freiburg W 140 Nr. 10197 /Fotograf: Marlis Decker: S.58; Landesarchiv Baden-Württemberg, Staatsarchiv Freiburg W 140 Nr. 07841 /Fotograf: Marlis Decker: S.61; Landesarchiv Baden-Württemberg, Staatsarchiv Freiburg W 140 Nr. 08991 /Fotograf: Marlis Decker: S.68; Landesarchiv Baden-Württemberg, Staatsarchiv Freiburg W 134 Nr. 099572a / Fotograf: Willy Pragher: S.73; Landesarchiv Baden-Württemberg, Staatsarchiv Freiburg W 134 Nr. 114827b / Fotograf: Willy Pragher: S.74; Hans Jürgen Kugler: S. 77

1. Auflage 2017

Layout: Da Forma Agentur für Gestaltung, Gudensberg
Satz: Schneider Professionell Design, Schlüchtern-Elm
Druck: Druckerei Zimmermann Druck + Verlag GmbH, Balve
Buchbinderische Verarbeitung: Buchbinderei S. R. Büge, Celle

34281 Gudensberg-Gleichen, Im Wiesental 1
Tel. 0 56 03 - 9 30 50 www.wartberg-verlag.de
ISBN 978-3-8313-2192-6

Inhalt

Vorwort

Wer an Freiburg denkt, dem fallen spontan das Münster und die Bächle ein. Doch wer das Glück hat, hier aufgewachsen zu sein, kann sich zudem an viele Geschichten und Begebenheiten erinnern, die das Gesicht der südlichsten Großstadt Deutschlands bis heute geprägt haben. Denn es ist viel passiert zwischen Schwarzwald City und Schwarzwaldhof, seit nach Kriegsende mit dem Wiederaufbau der zerstörten Stadt begonnen wurde. Autos und Busse sind längst aus der Innenstadt verbannt, das Konzerthaus, in den 80er-Jahren heftig umstritten, zählt heute wie selbstverständlich zum Stadtbild dazu.

Vieles gehört längst der Vergangenheit an und bleibt trotzdem unvergesslich. Etwa die Besuche im „Le Caveau“, wo sich Nachtschwärmer dank Hans Albers auf der Reeperbahn nachts um halb eins amüsieren durften. Oder der geheimnisumwitterte Mann im Lodenmantel, der jahrelang Passanten – meistens erfolgreich – um Geld anhaute. Genauso wie die heftigen Auseinandersetzungen zwischen Demonstranten und Polizei, als Freiburg zeitweise Hochburg der Hausbesetzerszene war.

Die Geschichten, die für dieses Buch zusammengetragen wurden, stammen aus dem Archiv der Badischen Zeitung oder wurden – bei einem guten Glas Wein, versteht sich – von mir und meinen Freunden, die die sonnenverwöhnte Stadt als Heimat zu schätzen wissen, aus dem Gedächtnis hervorgekramt.

Viel Spaß beim Lesen!

Ihre Ute Wehrle

Heuerampel und Parkgroschen

Autos müssen draußen bleiben: Die einzigen Verkehrsteilnehmer, die sich ungestraft in der Innenstadt aufhalten dürfen, sind Fußgänger, Radfahrer und Straßenbahnen. Anfang der 70er-Jahre wurde der motorisierte Individualverkehr aus der Altstadt verbannt, und Freiburg gehörte zu den ersten deutschen Städten mit großer Fußgängerzone.

Bis es jedoch so weit war, kurvte nach Kriegsende alles was Räder hatte oder auf Schienen fuhr ungehindert durch die Straßen und Gässle. Damit man sich nicht ständig in die Quere kam, wurden Anstrengungen unternommen, den Verkehr zu regeln und die erste Ampel, die sogenannte Heuer-Ampel, hielt Einzug in der Stadt. Das würfelförmige Gebilde, das starke Ähnlichkeit mit einem Vogelhäuschen aufwies, hing an Drahtseilen gespannt über der Kaiser-Joseph-Straße am Bertoldsbrunnen; die innen beleuchtete Zeigerampel hatte für jede Fahrtrichtung eine durch-

Bis Anfang der 70er-Jahre quälte sich der Autoverkehr durch die Innenstadt.

scheinende Scheibe mit roten und grünen Kreissegmenten. Die Ampelphasen wurden mit einem durch einen Elektromotor angetriebenen, sich langsam im Uhrzeigersinn drehenden Zeiger dargestellt. Bis 1953 verrichtete sie getreulich ihren Dienst, ohne ein einziges Mal gelb zu werden, dann wurde sie abgebaut.
Busse, Straßenbahnen, Blechlawinen: Fußgänger mussten also höllisch aufpassen, um in der Innenstadt nicht unter die Räder zu kommen. „Bei Grün darfst Du gehen, bei Rot musst Du stehen!“, das lernte in den 60er-Jahren jedes Kind, unter anderem vor dem alteingesessenen Geschäft „Schirm Wagner“, anfänglich noch in der Kaiser-Joseph-Straße beheimatet, wo man im Gegensatz zu heute nur mithilfe einer Fußgängerampel sicher auf die andere Straßenseite gelangte.
Statistisch gesehen besaß Anfang der 60er-Jahre bereits jeder sechste Freiburger ein Auto; 24 000 Kraftfahrzeuge waren 1960 in der Stadt registriert. Und es wurden ständig mehr, die an manchen Tagen sogar ein regelrechtes Verkehrschaos pro-

Im Kaufhaus für Alle gab es alles, was das Herz begehrte.

duzierten. Beispielsweise an einem verkaufsoffenen Sonntag kurz vor Weihnachten 1966. Die Parkplätze in der Innenstadt seien restlos belegt gewesen, auf der „Kajo“ habe es kaum ein Aneinandervorbeikommen gegeben, berichtete die Badische Zeitung. „Die Menschenschlangen vor den Geschäften reichten teilweise bis weit auf die Straße hinaus.“ Das „Kaufhaus für Alle“, erfreute sich großer Beliebtheit bei den Kunden, bot doch der Konsumtempel in der Kaiser-Joseph-Straße 192 so ziemlich alles, was das Herz begehrte. Dazu zählten kurz nach Kriegsende Nylonstrümpfe für Damen. Die fanden solch einen reißenden Absatz, dass sie innerhalb kürzester Zeit ausverkauft waren. Für kleine Mädchen gab es in den 60er-Jahren Puppen, die ihre blauen Augen auf- und zuklappen und sogar „Mama“ sagen konnten – vorausgesetzt, man zog an einer Kordel, die an ihrem Plastikrücken befestigt war.

Es wurde also kräftig eingekauft und – soweit vorhanden – mit dem eigenen Auto direkt vor die Geschäfte gefahren. Wegen des Verkehrs gerieten sogar Freiburgs berühmte Bächle ins Kreuzfeuer: Schon in den 50er-Jahren forderte der ADAC die Beseitigung der „Verkehrshindernisse“, die so manchen Unfall verursacht haben sollen. Unter anderem den eines unachtsamen Mannheimer Kaufmanns, der erst in ein Bächle und anschließend an eine Häuserwand in der Salzstraße gefahren war. Erzählt man sich zumindest.

Mit dem zunehmenden Verkehr entdeckte die Stadt eine neue Einnahmequelle: Wer ab 1956 in der Innenstadt parken wollte, musste Kleingeld dabeihaben: Zehn Pfennig für eine halbe Stunde kostete es, wenn man sein Fahrzeug in der Stadtmitte abstellen wollte. Irgendwann war damit Schluss: Im April 1970 wurde der südliche Teil des Münsterplatzes für den Verkehr und als Parkplatz gesperrt.

Ein Schaufensterbummel war sehr beliebt.

Dass die Autos endgültig aus der Innenstadt verbannt wurden, ist Eugen Keidel zu verdanken, der von 1962 bis 1982 Oberbürgermeister der Stadt war. Gemeinsam mit dem Gemeinderat stellte er trotz harscher Kritik die Weichen für die heutige Fußgängerzone. Einen kleinen Vorgeschmack auf das Vorhaben bekamen die Freiburger bereits am 31. Juli 1965, als die Kaiser-Joseph-Straße erstmals zwischen Siegesdenkmal und der Bertholdstraße nebst Eisenbahn- und Schusterstraße gesperrt wurde – von 9 bis 14 Uhr. Am 22. November 1973 war es dann endgültig so weit: Die Fußgängerzone wurde ihrer Bestimmung übergeben, nur noch Straßenbahnen und Linienbusse durften fahren, und endlich konnten Passanten nach Lust und Laune mitten im Herzen Freiburgs flanieren, was bei den meisten großen Anklang fand. Weniger begeistert waren hingegen einige Gastronomen Freiburgs, die Umsatzeinbußen befürchteten: Ab 20 Uhr sollten Autos wieder ungestraft in die Innenstadt fahren dürfen, forderten sie – allerdings vergeblich.

Je mehr Autos, desto mehr Verkehrsverstöße: Um den Rasern Einhalt zu gebieten, führte laut einem Bericht der Badischen Zeitung die baden-württembergische Landespolizei in Freiburg am 15. März 1960 erstmals Richtern und Staatsanwälten ein Verkehrsradargerät vor. Auf den Bildern, die das Gerät machte, war der zu schnell fahrende Wagen samt Nummernschild genauso deutlich zu erkennen wie Datum, Ort, gemessene Geschwindigkeit sowie die Uhrzeit.
Sechs Radarfallen wurden angeschafft und in der Stadt installiert. Die Gesetzeshüter zeigten sich anfänglich recht tolerant, wenn jemand mit seinem Auto allzu flott unterwegs war: Bei bis zu 30 Prozent Geschwindigkeitsüberschreitung kam es lediglich zu einer mündlichen Verwarnung.

Schildkrötenrennen auf dem Mundenhof

An sportlichen Großereignissen mangelte es Freiburg in den 60er-Jahren nun wahrlich nicht. Das legendäre Bergrennen auf dem Schauinsland beispielsweise lockte die Besucher gleich massenweise an, 1964 war die Stadt Ziel der 5. Tour-de-France-Etappe und auf dem Mundenhof wurde ein Schildkrötenrennen ausgerichtet. Zum Start angemeldet wurde auch ein schmuckes Reptil namens Schildi. Sicher verpackt in einer mit Heu ausgelegten Holzkiste, reiste sie mit einem achtjährigen Mädchen nebst seinem Vater zum Wettbewerb an. Schon bei der Ankunft auf dem Mundenhof war klar – die Konkurrenz war groß. Schildi musste sich also ordentlich ins Zeug legen, um den Sieg zu erringen.

Eigentlich sprach nichts dagegen, dass sie den anderen davonlaufen würde, das Tier befand sich dank liebevoller Pflege in Top-Kondition, der zuvor mit Salatöl hochpolierte Panzer glänzte in der Sonne, Hoffnungen auf einen vorderen Platz waren also durchaus berechtigt.

Vater und Tochter redeten ihr noch einmal gut zu, bevor sie mit den anderen bepanzerten Läufern in die Rennbahn gesetzt wurde. Der Startschuss fiel und Schildi erfüllte voll und ganz die Erwartungen ihres Teams, sie rannte, ähm, kroch Richtung Ziel, was das Zeug hielt und ließ ihre Konkurrenten ordentlich Staub schlucken. Zumindest bis zur Hälfte der Strecke. Denn dort blieb sie einfach stehen. Vater und Tochter, die bisher gelassen am Rande der Rennbahn das Geschehen beobachtet hatten, wurden nervös und ihre Anfeuerungsrufe lauter. Doch Schildi bewegte sich nicht vom Fleck, sondern ließ sich stattdessen genüsslich die Sonne auf den Kopf scheinen.

Auf der Stirn des Vaters bildeten sich die ersten Schweißtropfen, als Reptil für Reptil an Schildi vorbeizog. Es wurde höchste Zeit für einen Motivationsschub, wenn sie nicht als Letzte ins Ziel eintrudeln sollte. Also schnappte sich der Vater eines der mitgebrachten Salatblätter und wedelte damit vor Schildis Nase herum, um sie aus der Reserve zu locken. Und siehe da, allmählich schien sich Schildi darauf zu besinnen, warum sie sich auf einer Sandbahn befand. Langsam setzte sie sich in Bewegung, immer dem verlockenden Salatblatt nach. Zum Glück sahen die Wertungsrichter großzügig über das offensichtliche Doping, das in Freiburg eine lange Tradition hat, hinweg.

Die Minuten verstrichen quälend langsam, doch Schildi behielt die Nerven und gelangte souverän über die Zielgerade, wo sie sich endlich über das Grünzeug hermachen durfte. Den Sieg hatte sie nach Punkten vergeigt, aber immerhin hatte sie ihrem

Team die Blamage erspart, das Rennen vorzeitig beendet zu haben. Selbst Jahre später behauptete der Vater, vor Aufregung noch nie so nahe an einem Herzinfarkt gewesen zu sein wie bei jenem nervenaufreibenden Schildkrötenrennen auf dem Mundenhof.

Unterkünfte waren Mangelware

Freiburg war als Studentenstadt schon immer ausgesprochen beliebt, bot die Stadt doch seit jeher weit mehr Abwechslung als nur Bibliotheken und Hörsäle. Das lustige Studentenleben wurde jedoch gewaltig getrübt, denn damals wie heute war günstiger Wohnraum äußerst rar. So zogen laut Badischer Zeitung im Mai 1960 etwa 50 Studenten durch die Innenstadt. Um den Hals trugen sie Pappschilder mit der Aufschrift „Student sucht dringend Zimmer“ oder „Student ohne Dach“. Vor der heutigen Markthalle, wo früher die Druckmaschinen der Badischen Zeitung auf Hochtouren liefen, passten Zimmersuchende um Mitternacht regelmäßig die frisch gedruckten Exemplare ab, um sie nach Wohnungsannoncen zu durchforsten und am nächsten Morgen zu den Ersten zu gehören, die die angebotenen Zimmer besichtigen durften.

Auch im darauffolgenden Jahr waren Unterkünfte mehr als knapp. Noch nie sei die Zimmernot der Studenten so groß wie in diesem Sommersemester, war in der Badischen Zeitung am 10. Mai 1961 zu lesen. „Wir können nur hoffen, dass der elftausendste Student nicht so bald gefeiert wird“, wird der Uni-Prorektor Max Thieme am 20. Juli 1961 bei der Vergabe der goldenen Uhr der Stadtverwaltung an den zehntausendsten Studenten im Rathaus zitiert.

Not macht bekanntlich erfinderisch. Und leidensfähig. So teilten sich gleich mehrere Studenten zwangsläufig Einzimmerwohnungen oder campierten kurzentschlossen auf der Straße. Etliche wichen in die umliegenden Dörfer aus, und so mancher musste bis zu 40 Kilometer Anfahrtsweg in Kauf nehmen, um die Vorlesungen zu besuchen.

Aber einige hatten Glück. Die Altbauwohnung in der Klarastraße war zwar eine ziemlich heruntergekommene Bruchbude, hatte aber schon in den 80er-Jahren den unschätzbaren Vorteil, dass sie direkt über dem damals angesagten Szenetreff Café Einstein lag. Und die anderen Kneipen im Stühlinger waren ebenfalls allesamt gleich um die Ecke – Der Auerhahn, Die Brennessel (Spaghetti Bolognaise 3,50), Zum Kuckuck (Schnitzel mit Brot 4,50), d' Hex, Egon 54, ... Um ehrlich zu sein, waren weniger die Speisekarten als die Bierpreise für die Wahl der Lokalität ausschlaggebend. Womit sich wiederum der Standortvorteil einer Wohnung in der Klarastraße bezahlt machte – auch nach dem x-ten Bier konnte man den Heimweg nicht verfehlen. Einfach immer an der Wand lang, und sich dann an der richtigen Tür ins Haus fallen lassen ...

Wie gesagt, eine Bruchbude, aber für den hoffnungsvollen Jungakademiker genau die richtige Adresse. Sogar ein nicht alltägliches Badezimmer gehörte zur Wohnung – Marke Eigenbau. Am Ende des Flurs befand sich eine Besenkammer, die mit einer rot gestrichenen Holztür geschlossen wurde. Dahinter verbarg sich eine alte Holztreppe, die zum Speicher führte. Verfügbare Fläche vielleicht eineinhalb Quadratmeter. Erstaunlicherweise reichte das nicht nur für den Einbau eines elektrisch beheizten 80 Liter fassenden Heißwasserboilers, sondern auch für eine komplette Badewanne. Beim Baden musste man nur darauf achten, besagte Holztür offen zu lassen, damit der Dampf in den Flur abziehen konnte. Schloss man hingegen die Tür, so kam man in den Genuss eines türkischen Dampfbads. Allerdings nicht für lange, nach spätestens fünf Minuten war auch der härteste Jungakademiker vollständig aufgeweicht und rang verzweifelt nach Luft.

Zudem bot das offene „Badezimmer“ den Vorteil, dass man während des Badens in wohliger Atmosphäre nach Herzenslust telefonieren (das Verlängerungskabel für 6 Mark extra machte es möglich), und auch ohne Einschränkungen am gewohnten WG-Leben teilnehmen konnte (nur beim Abduschen und Einseifen schloss man schamhaft die Tür).

Die offene Badekultur eröffnete auch der WG-Katze ungehinderten Zugang. Da Lena sehr anhänglich war und überall dabei sein wollte, wo sich ihr Herrchen gerade aufhielt, ließ es sich das liebe Tier nicht nehmen, beim Badegang flugs auf den Wannenrand zu springen und verspielt nach den Schaumflöckchen zu haschen. Nun, Badewannenränder sind rutschig, und selbst die vorsichtigste Katze macht einmal einen Fehltritt. Es kam, wie es kommen musste – die Katze landete im Badewasser und der Katzenhalter war ganz schnell raus aus der Wanne, weil sich das arme Kätzchen in heller Panik an dessen Beinen festkrallen wollte. Liebevoll in Frotteehandtücher eingewickelt und trocken gerubbelt (die Katze!), war das Abenteuer bald wieder vergessen. Seither zog es Lena vor, die menschlichen Mitbewohner beim Baden lieber allein zu lassen.

Reinhold Schneider - ein Kämpfer für den Frieden

Bis heute ist Freiburg stolz darauf, Heimatstadt des berühmten Schriftstellers Reinhold Schneider zu sein, der sich zeit seines Lebens mit der Tragik der Macht auseinandergesetzt hat. Berühmt wurde der Wahl-Freiburger, den man häufig bei einem Spaziergang auf dem Lorettoberg antreffen konnte, jedoch nicht nur wegen seiner zahlreichen Werke, sondern auch wegen seiner Bemühungen, mit friedlichen Mitteln auf die Wiedervereinigung Deutschlands hinzuarbeiten. Geboren wurde der bedeutendste Dichter Freiburgs am 13. Mai 1903 als Sohn eines Hotelier-Ehepaars in Baden-Baden. Eine unbeschwerte Jugend war ihm nicht vergönnt, kurze Zeit nach seinem 19. Geburtstag erschoss sich sein Vater. Nach seiner Ausbildung arbeitete Reinhold Schneider sieben Jahre lang in einer Buchdruckerei und -binderei in Dresden, bevor er sich als freier Schriftsteller in Berlin und Potsdam betätigte.

1938 ließ er sich in Freiburg am Fuße des Lorettobergs nieder – in jenem Viertel, wo schon der jüdische Philosoph Edmund Husserl, Begründer der Phänomenologie, über zwei Jahrzehnte gegenüber in der Lorettostraße lebte, und Hannah Arendt 1929 während ihres Semesters in Freiburg wohnte. Schneiders Umzug ins Badische erfolgte in jenem Jahr, in der seine berühmte Szenenfolge „Las Casas vor Karl V." erschien, in welcher er den mutigen Kampf des Priesters Las Casas gegen die Missionierungsmethoden der Spanier beschreibt.

Seine öffentliche Kritik, die Schneider nach der Machtergreifung Hitlers am totalitären Staat übte, führte dazu, dass seine Werke verboten wurden. Dennoch konnten es die Nationalsozialisten nicht verhindern, dass während des Zweiten Weltkriegs vor

Der Schriftsteller Reinhold Schneider (links) beim Empfang von Prinz Nicolaus im Europäischen Hof.

allem seine Sonette heimlich gelesen wurden. Worte wie „Allein den Betern kann es noch gelingen/Das Schwert ob unsern Häuptern aufzuhalten“, die er mit 33 Jahren verfasste, spendeten vielen Mut und Trost. Nur dem Kriegsende hatte er es zu verdanken, dass er von den Schergen des Dritten Reichs nicht mit dem Tod bestraft wurde.

In den darauffolgenden Jahren wurde Reinhold Schneider als das „Gewissen der Nation“ gewürdigt und mit vielen Ehrungen bedacht. Als in der neu formierten Bundesrepublik der Gedanke der Remilitarisierung aufkam, sprach sich der strenggläubige Katholik öffentlich gegen die Wiederbewaffnung aus.

Dieses Engagement und seine Aufsätze zum Frieden brachten ihm zwar 1956 einerseits den Friedensnobelpreis des Deutschen Buchhandels, andererseits aber auch politische Anfeindungen ein, in denen Schneider der kommunistischen Konspiration beschuldigt wurde. Mit der Folge, dass seine Arbeit für Zeitungen und Radiosender nicht mehr gefragt war.

20 Jahre lebte Reinhold Schneider in einer Villa in der Mercystraße. Sein letztes Buch, „Winter in Wien“, wurde kurz vor seinem Tod am Ostersonntag, 6. April 1958, dem Freiburger Herder Verlag zur Veröffentlichung gegeben. Sein Nachlass, der unter anderem mehrere Zehntausend Briefe enthält, befindet sich in der Badischen Landesbibliothek in Karlsruhe.

„Die Wahrheit nur wird an die Herzen dringen und wirken wird das Wort nur, das gelebt“, lautet der Vers auf einer Steintafel, die an der Außenmauer seines Wohnhauses eingelassen wurde. 2009 wurde die Villa unter Denkmalschutz gestellt, um die Erinnerung an den Schriftsteller zu wahren. Besonders in Freiburg bleibt sein fast schon prophetisches Sonett unvergesslich, das der Schriftsteller im Januar 1944, vor dem großen Fliegerangriff auf Freiburg am 27. November 1944, dem Freiburger Münster gewidmet hat:

„Du wirst nicht fallen, mein geliebter Turm“ – Doch wenn des Richters Blitze Dich zerschlagen,
steig in Gebeten kühner aus der Erde!“

Reinhold Schneiders Zuversicht wurde erfüllt: Während große Teile der Stadt zerstört wurden, hat das Freiburger Münster den Bombenhagel unbeschadet überstanden.

Am katholischen Mädchengymnasium Sankt Ursula

Wer reitet so spät durch Nacht und Wind? Wem rann der Schweiß heiß von der Stirne? Und was hatte es mit dem Kerl auf sich, der sich mit einem Dolch im Gewande zu Dionysos, dem Tyrannen schlich? Wenn jemand diese Fragen beantworten konnte, dann war das die damalige Untertertia am Katholischen Mädchengymnasium Sankt Ursula. Zu verdanken hatte die Klasse ihre profunden Kenntnisse in Sachen klassischer Lyrik einem gewissen Fräulein Meder, die – von keinem Mann jemals gefreit – vehement auf diese Anrede bestand.

Groß war die Deutschlehrerin nicht, dafür verfügte sie über ausgesprochen kompakte Formen. Den Unterricht hielt sie stets kniend auf einem Stuhl ab, um erhabener zu wirken. Eine völlig unbegründete Maßnahme, denn die Mädchen hatten auch so genügend Respekt, um nicht zu sagen, Angst, vor Adele Meder.

Das Fräulein legte nicht nur äußersten Wert auf die korrekte Anwendung der Kommaregeln, sondern auch auf ein einwandfreies sittliches Verhalten der Schülerinnen. „Eine Dame isst nicht auf der Straße“, wurde etwa ein Mädchen von ihr ermahnt, das nach dem Verlassen der Schule lustvoll in einen Apfel beißen wollte. Ob Fräulein Meder, die auch Religion unterrichtete, darin einen weiteren Sündenfall gewittert hatte? Zumindest konnte sie mehr als eindrucksvoll erzählen, was Sünder, insbesondere junge Sünderinnen, im Jenseits zu erwarten hatten, nämlich ewige Verdammnis. Gegen ihre plastischen Schilderungen mutete sogar der Weltuntergangs-Triptychon von Hieronymus Bosch wie ein harmloser Micky-Maus-Comic an und führte dazu, dass der eine oder andere katholische Teenager, ohne etwas Nennenswertes auf dem Kerbholz zu haben, panikartig die Beichte aufsuchte, um sich solch ein schlimmes Schicksal zu ersparen.

Ein ganz besonderer Dorn im Auge war Fräulein Meder jedoch, wenn eine der ihr anvertrauten jungen Damen nach dem Schulunterricht mit einem männlichen Wesen in Berührung kam. Was bei frischgebackenen Teenagern naturgemäß öfter vorkam. So pflegten sich pünktlich nach der letzten Stunde die Jungs wie Hühner, besser gesagt, wie Hähne, auf dem Geländer vor dem

Das katholische Mädchengymnasium St. Ursula in der Eisenbahnstraße.

Mädchengymnasium zu versammeln, um geduldig auszuharren, bis die Mädchen rudelweise aus dem Gebäude strömten und sich zu ihnen gesellten.
Doch wehe, wenn sie dabei von Fräulein Meder, der selbst ernannten Kämpferin für Zucht und Ordnung, erwischt wurden, denn die hätte den näheren Umkreis der Mädchenschule am liebsten zur männlichen Sperrzone erklärt, was sich allerdings als hoffnungsloses Unterfangen erwies. Also ergriff sie andere erzieherische Maßnahmen, um unmoralisches Verhalten zu ahnden. Wer mit einem Jungen erwischt wurde, musste vor die Klasse treten und ein Gedicht rezitieren. Auswendig, versteht sich.
Woche für Woche schwitzten beim anderen Geschlecht besonders beliebte Mädchen Blut und Wasser, weil sie ganz genau wussten, was ihnen blühte: So sicher wie das Amen in der Kirche wurden sie mit dem Aufsagen von „Das Lied von der Glocke" oder dem „Zauberlehrling" auf den Pfad der Tugend zurückgeschickt. „Wer wagt es, Rittersmann oder Knapp, zu tauchen in diesen Schlund?"
Manch eine, die neben dem Lehrerpult stand, wäre liebend gern in die Tiefe gesprungen und hätte des Königs Becher geholt, anstatt beobachtet von den stechenden Knopfaugen der Lehrerin beim „Taucher" ins Stocken zu geraten. Denn jeder Patzer wurde von der sofort und ohne Gnade in einem kleinen schwarzen Notizbüchlein registriert. Samstag für Samstag erfolgte dasselbe Spiel, bis die aufatmende Klasse endlich eine neue Deutschlehrerin bekam. Ein Gutes hatte die Sache allerdings – die Mädchen, die von Fräulein Meder unterrichtet worden waren, konnten noch Jahre später sowohl Kommaregeln als auch klassische Gedichte im Schlaf herunterbeten. Was die Sache mit den jungen Männern betraf, hatte Fräulein Meder allerdings weniger Erfolg. Die sind heute noch auf dem Geländer vor dem St. Ursula anzutreffen.

Freiburgs „bärenstarker Briefträger"

So manch einer kann sich rühmen, dass ihm die Post von einem Weltmeister zugestellt wurde, denn Adolf Seger, geboren am 2. Januar 1945, zählte zu den weltbesten Freistilringern. 1975 und 1977 wurde er Weltmeister im Mittelgewicht ; 1972, 1973 und 1976 Europameister. 1972 in München und 1976 in Montreal gewann er jeweils Bronze bei Olympischen Spielen. Zudem wurde Seger zehnmal Weltmeister bei den Ringer-Veteranen. Er trug in Zähringen 40 Jahre lang mit dem Fahrrad die Post aus, bevor er in den Ruhestand trat. Als „bärenstarker Briefträger" sollte Adolf Seger in die Sportgeschichte eingehen.

Aufgewachsen ist der Vorzeigesportler der Stadt als sechstes von zehn Kindern in Freiburg. Zum Ringen kamen er und seine fünf Brüder über den Vater, der dem kleinen Adolf den ersten Ringunterricht erteilte. Zu seinem großen Vorbild wurde sein älterer Bruder Edmund, der in der deutschen Ringer-Nationalmannschaft bei den Olympischen Sommerspielen 1960 in Rom kämpfte.

Anfänglich trainierte Seger als Mitglied des AV Germania Freiburg St. Georgen noch in einer Halle in St. Georgen, später im neu errichteten Olympiastützpunkt an der Schwarzwaldstraße. Einen Wettkampf verloren hat er nur selten. Seine große Stärke? Der Kampf am Boden, denn dank des nach ihm benannten Seger-Griffs gelangen dem Ringer zahlreiche Schultersiege. „Hinfallen können viele, aufstehen nur wenige", pflegte er zu sagen.

Geschenkt wurde dem Mann nichts, der als junger Ringer unter Schulter-Rücken- und Knieverletzungen litt. Nur seinem unendlichen Trainingsfleiß hatte er es zu verdanken, dass er zu den Besten im Ringsport wurde. Und seiner Disziplin. Ge-

Medaillengewinner Adolf Seger (links) wird von Bürgermeister Eugen Keidel empfangen.

raucht hat er nie, genauso wenig hat er Alkohol getrunken. Ein Mann ohne Schwächen also? Nicht ganz. Denn als er 1973 in Lausanne Europameister wurde, gestand er in einem Fernsehinterview, sich nach dem Wettkampf am meisten auf einen Käsekuchen und einen Kaffee zu freuen. Mit der Folge, dass sich bei seiner Rückkehr nach Freiburg jede Menge Käsekuchen vor der Haustüre stapelten, die seine Fans eigens für ihn gebacken hatten.

Kuchen hin oder her, der Sport stand bei ihm immer an erster Stelle, dafür ließ er sogar eine Filmrolle sausen, in der er als Schurke in dem Spaghetti-Western „Mein Name ist Nobody“ mit Terence Hill hätte auftreten sollen. Genauso schlug er einen Wrestling-Vertrag aus, der ihm immerhin stolze 100 000 Mark eingebracht hätte. Adolf Seger war und ist eben Sportler durch und durch. Neben dem Fitnessstudio ist seine zweite Heimat das Strandbad in Freiburg, wo er bei schönem Wetter Tischtennis spielt – gern auch mit Bruder Edmund.

Schmugglerbanden

Freiburg liegt ja bekanntlich im Dreiländereck, sprich, Frankreich und die Schweiz sind nur einen Katzensprung entfernt. Was sich heutzutage dadurch bemerkbar macht, dass vor allem die Eidgenossen dank des für sie so günstigen Wechselkurses oft und gern die Gelegenheit beim Schopf packen und ihr Geld in Freiburgs Geschäften liegen lassen. Sogar die Mehrwertsteuer gibt es für sie zurück, weswegen jede Kassiererin in der Stadt zwischenzeitlich ganz genau weiß, was ein Ausfuhrschein ist und wie es diesen auszufüllen gilt. Den kleinen Grenzverkehr gab es jedoch schon in den 60er-Jahren – nur andersherum. Denn damals war die D-Mark mehr wert als ein Schweizer Franken, was wiederum das Heidi-Land zu einem wahren Einkaufsparadies für Deutsche machte.

So startete eine Familie aus Freiburg regelmäßig einmal im Monat in einem blauen VW Käfer Richtung Basel, väterlicherseits heftig umnebelt von Ernte 23, mütterlicherseits von Kölnisch Wasser. Häufig wurde die Großmutter neben die kleine Tochter auf den Rücksitz gepackt, damit sich die Fahrt ins Ausland wirklich lohnte. Warum dafür Basel auserkoren wurde, hatte einen ganz besonderen Grund: Nicht, weil man den Zolli, den dortigen Zoo, besuchen wollte. Auch nicht, um die wertvollen Gemälde im Kunstmuseum zu bewundern. Nein, besichtigt und bestaunt wurde etwas völlig anderes, nämlich das reichhaltige Angebot in Konsumtempeln namens Migros und COOP. Dort gab es etwas, was alle unbedingt haben wollten: Kaffee, Mehl, Zucker, Nudeln, Schokolade – alles made in Switzerland.

Das Bedürfnis danach war übermächtig und hatte nahezu Suchtcharakter. Entsprechend häuften sich die Objekte der Begierde im Einkaufswagen – womit wir zum delikateren Teil der

Angelegenheit kommen. Denn der Wunsch, mit möglichst vielen Schnäppchen nach Hause zu kommen, stand alles andere als im Einklang mit den vorherrschenden Zollbestimmungen, die selbst dann keinen Spaß verstanden, wenn Mutter speziell vor Weihnachten jede Menge Mehl und Zucker für die Weihnachtsbäckerei benötigte.

Kurz und gut: Die erlaubte Warenmenge wurde beim Einkaufen großzügig und ohne jegliche Skrupel überschritten. So gab es in den 60er-Jahren kaum einen ansonsten gesetzestreuen Freiburger, der nicht zum Schmuggler wurde.

Allerdings musste man sich etwas einfallen lassen, um von den Zöllnern nicht erwischt zu werden, heißt, die überschüssige Ware musste sorgfältig vor dem Auge des Gesetzes verborgen werden. Im Fall unserer Familie geriet der Grenzübertritt zurück in die Heimat regelmäßig zu einem kleinen Laienschauspiel, das eigentlich Applaus verdient hätte.

Die Hauptrolle besetzte das noch nicht einmal schulpflichtige Mädchen, das als Ablenkungsmanöver für die Zöllner herhalten musste. Die Schmuggelware wurde zunächst sorgsam unter einer Decke auf dem Rücksitz versteckt. Anschließend wurde die kleine Tochter daraufgelegt – mit der eindringlichen Mahnung, einen tiefen, gesunden Schlaf vorzutäuschen. Um die Szene anrührender zu gestalten, wurde ihr ein niedliches Plüschhäschen mit Knopf im Ohr in die Hand gedrückt. Die Oma saß leicht gequetscht neben ihr, redlich bemüht, einen durch und durch ehrlichen Gesichtsausdruck aufzusetzen, obwohl ihr das schlechte Gewissen schon kilometerweit anzusehen war.

Meistens hatte die Familie Glück und wurde an der Grenze durchgewinkt – meistens, aber eben nicht immer. So kam es, wie es kommen musste: Eines schönen Tages wurde der blaue VW gestoppt. Ein deutscher Zöllner beugte sich herunter und stellte die gefürchtete Frage: „Haben Sie etwas zu verzollen?“ Die Antwort war erst mal betretenes Schweigen, während sich im Autoinnenraum leichte Panik breitmachte. Der Vater schüttelte höflich, aber bestimmt, mit Schweißperlen auf der Stirn den Kopf, die Mutter lächelte verkrampft, die Oma betete in Gedanken ein Ave Maria und das Kind, auf mindestens fünf Kilo Mehl liegend, kniff angesichts der drohenden Gefahr verzweifelt die Augen zu.

Das bemerkte natürlich auch der Zöllner, bei dem es sich um einen netten Mann zu handeln schien. „Fahren Sie schnell weiter, sonst wacht die Kleine noch auf“, empfahl er besorgt. Von Kofferraum öffnen oder ähnlichen Durchsuchungen war keine Rede mehr, der Vater drückte das Gaspedal durch und die Familie suchte schleunigst das Weite. Die Tochter wiederum durfte noch im Auto als Belohnung für ihren Einsatz eine ganze Tafel Schokolade verspachteln – Schweizer Schokolade, versteht sich.

Leider war es irgendwann vorbei mit den spannenden Fahrten nach Basel: Am 16. Dezember 1975 fiel der Wert einer D-Mark erstmals unter den des Schweizer Franken und das Schmuggeln von Lebensmitteln lohnte sich fortan nicht mehr.

Freiburg baut hoch hinaus

Spektakulär hoch seien sie, die neuen Wohnhäuser im Freiburger Westen, schrieb die Badische Zeitung im Oktober 1966. Die Rede war von den sich noch im Bau befindlichen Häusern im neuen Baugebiet Weingarten an der Opfinger Straße, als das Richtfest für die ersten 900 Wohnungen stattfand – in Anwesenheit geballter Politikprominenz, versteht sich. „Das auf unserem Foto abgebildete Hochhaus, derzeit bereits im achten Geschoss, wird mit 16 Stockwerken das höchste Wohngebäude der Stadt“, so die BZ. Damit gehöre Weingarten zu den modernsten Wohnanlagen in ganz Südbaden. Die Preise für die neuen Mietwohnungen waren recht moderat: Eine mit moderner Küche und Bad ausgestattete Vierzimmerwohnung in Weingarten konnte man für 200 Mark monatlich mieten. Trotz allen Fortschritts gab es seinerzeit allerdings noch ein Problem in Weingarten: Es fehlte an öffentlichen Telefonzellen, wie der Freiburger Oberbürgermeister bemängelte.

Ende 1968 lebten fast 4000 Menschen im Westen Weingartens. Auch östlich, an der Krozinger Straße, ragten die ersten Hochhäuser in den Himmel. 1969 wurde die katholische Pfarrkirche St. Andreas eröffnet, die von ihrer Form her mehr an ein überdimensionales Indianerzelt denn an ein Gotteshaus erinnerte, ebenso die Adolf-Reichwein-Grundschule. Was wiederum bedeutete, dass der Schulweg für die Kinder mitten durch den Hochhausdschungel führte und völlig neue Möglichkeiten für allerlei Unfug eröffnete.

Es gab kaum ein Schulkind, das nicht die Gelegenheit nutzte, in einem der Hochhäuser mit dem Aufzug hoch- und wieder runterzufahren. Natürlich mehrfach hintereinander. Auch der „Klingeldatsch“ – Läuten an einer fremden Haustür und schnelles Davonlaufen, bevor einen die Bewohner erwischten – erlebte eine neue Dimension, standen den Lausbuben und -mädchen, die bisher nur an Zwei- oder Dreifamilienhäuser gewöhnt waren, auf einen Schlag ganz viele Haustürglocken zur Verfügung, die blitzschnell betätigt werden konnten. War es bei so vielen Versuchungen ein Wunder, dass die Kinder zum Mittagessen oft zu spät nach Hause kamen?

Die neuen Hochhäuser in Weingarten (1967).

Im Westen Freiburgs, in einem Wald-Sumpf-Gebiet, wurde zur selben Zeit ein weiterer neuer Stadtteil aus dem Boden gestampft: Landwasser, wo eine Mischung aus Hochhäusern, großen Wohnblocks, Bungalows und Einfamilienhäusern am südwestlichen Rand des Wohngebiets entstand. Im Frühjahr 1965 begann mit dem ersten Spatenstich die Bautätigkeit, und im Juni 1966 konnten die ersten Bewohner einziehen. Im Februar 1968 fand die tausendste Wohnung ihre Mieter. Bewohner waren vorwiegend junge Familien, die in der Siedlung relativ preisgünstigen Wohnraum fanden.
Einen weiteren Bevölkerungszuwachs bewirkte 1972 der Bezug des Komplexes Landwasser-Nord an der Wirthstraße, jenseits der Elsässer Straße – ein stark verdichteter Hochhauskomplex mit vielen Sozialwohnungen, erbaut im Stil der 70er-Jahre, der sich nun nicht gerade durch ästhetische Schönheit auszeichnete. Dafür bekamen zwei der Bauten gar lustige Namen: Nach ihrer Fertigstellung wurde der linke Hochhauskomplex „Max“ und der rechte „Moritz“ getauft, obwohl sie mit Wilhelm Buschs

berühmten Strolchen wirklich gar nichts zu tun hatten. Neben viel Beton bot die neue Trabantenstadt auch einen höchst idyllischen Flecken. Wie oft sind wir in den 80er-Jahren im Sommer zum Moosweiher, einem ehemaligen Baggersee vom Bau der nahe gelegenen Autobahn, gepilgert, ausgestattet mit Liegestühlen, Sonnenschirm, tragbarem Kassettenrekorder und einer riesigen Kühltasche, gut gefüllt mit kühlen Getränken. War die Cola dennoch warm geworden, konnte man sich bequem am Kiosk mit Nachschub versorgen. Dort stand eine Tischtennisplatte, die Schauplatz so manch sportlicher Duelle wurde.

Apropos sportlich: Ein Hauch von Hawaii umwehte den Moosweiher ab 1988, als der erste Triathlon, veranstaltet von der Sportgemeinschaft Landwasser, über die Bühne ging. 50 Teilnehmer waren es bei der Premiere, ein Jahr später zeigten bereits 270 Ausdauersportler, was sie bei der Kombination aus 400 Meter Schwimmen, 25 Kilometer Radfahren und vier Kilometer Laufen so draufhatten. Was nicht nur den Sportlern, sondern auch den Zuschauern jede Menge Abwechslung bescherte. Zum letzten Mal fand die Veranstaltung 2010 statt.

Jagd auf dem Eis

Freiburger Eislauffreunde, die Winter für Winter darauf warten mussten, dass die Seen zufroren, durften aufatmen. Dank der neuen Eishalle im Stadtteil Mooswald, benannt nach Franz Siegel, dem ehemaligen Präsidenten des ERC Freiburg, unter dessen Führung die Halle gebaut wurde, war man endlich von Väterchen Frost völlig unabhängig, wenn man sich aufs Glatteis begeben wollte. Das erste Eishockeyspiel fand – damals noch

unter freiem Himmel – am 2. Dezember 1967 zwischen zwei kanadischen Mannschaften statt. In den 70er-Jahren wurde das Stadion überdacht, 1977 wurde die Eishalle nochmals umgebaut und die offenen Seitenwände geschlossen.
Die neue Anlage lockte von Anfang an nicht nur Profi-Sportler, sondern auch Kinder und Jugendliche in Massen an, war es doch etwas völlig Neues, sich in einer Halle auf dem Eis fortzubewegen, und das so gut, wie eben jeder konnte. Beim ersten Besuch war einer Mädchengruppe schon nach fünf Minuten auf den Kufen klar, dass sie Katharina Witt ganz sicher keine Konkurrenz machen würden. Ob die wohl auch nach jedem Besuch einer Eislaufhalle mit patschnassem Hosenboden den Bus nach Hause nehmen musste?
Aber kommen wir zu jenem Mann, der am 30. Januar 1961 zu den Gründungsmitgliedern des Eis- und Rollersportclubs Freiburg, kurz ERC, zählte und sich redlich um die Eissporthalle

Das neue Eisstadion in der Ensisheimer Straße – am Anfang noch ohne Dach.

verdient gemacht hat, und ohne den es heute kein Eishockey gäbe. Denn Franz Siegel sollte den ERC Freiburg dank der sportlichen Unterstützung Eishockey spielender kanadischer Soldaten aus Lahr in wenigen Jahren von der Landesliga in die Bundesliga führen. 1979 fegten die Freiburger den EC Bad Tölz im letzten Spiel der Aufstiegsrunde mit 6:0 souverän vom Eis. Das Publikum tobte. Nach dem Schlusspfiff gab's jede Menge Action gratis dazu, als sich die Mannschaften gegenseitig mit ihren Stöcken vermöbelten, während sich die Schiedsrichter still und leise verdrückten.
Nach einem sportlichen Auf und Ab in den folgenden Jahren wurde der Verein jedoch immer mehr von finanziellen Sorgen geplagt, der ERC musste Konkurs anmelden. 1984 wurde schließlich der Nachfolgeverein EHC Freiburg gegründet.
Bevor die Jagd auf den Puck in Freiburg jedoch eröffnet wurde, stand in der Halle eine ganz andere Disziplin im Vordergrund, das Rollschuhlaufen. Polizeikommissar Siegel wollte seiner Tochter und ihren Freundinnen nämlich ein würdiges Domizil für ihr Hobby zur Verfügung stellen. Bestimmt können nur wenige Mädchen behaupten, für ihre bevorzugte Freizeitbeschäftigung von ihrem Papa eine eigene Halle bekommen zu haben.

Filmspaß in Freiburgs Kinosälen

Wir wissen nicht, wie viel Adrenalin 1978 von den Zuschauern ausgeschüttet wurde, als der geistesgestörte Mörder Michael Myers an den Ort seiner Untaten zurückkehrte, um einen nach dem anderen um die Ecke zu bringen. Ort des nervenzerfetzenden Blutvergießens war die „Kurbel“, die gemeinsam mit der

„Kamera“ in den 50er-Jahren unterhalb des Stadttheaters eröffnet worden war. Das Lichtspielhaus bot 1000 Plätze, verfügte über einen Balkon und warb damit, über die größte Bildleinwand Südbadens zu verfügen, auf der der erste Teil von John Carpenters Gruselschocker „Halloween“ natürlich besonders gut zur Geltung kam. Genauso wie die Ausschweifungen am Hofe des römischen Kaisers in „Caligula – Aufstieg und Fall eines Tyrannen“ des italienischen Regisseurs Tinto Brass, das vom Lexikon des Internationalen Films als „üppiges, spekulatives Sittengemälde voller Sex, Gewalt und Sadismus“ bezeichnet wurde. Recht hatten sie, die Kritiker, zumindest hatten wir die Augen während der Vorführung vor lauter Entsetzen die meiste Zeit geschlossen. Selbst die Lust auf Pizza, die nach Kinobesuchen obligatorisch in der „Wolfshöhle“ verdrückt wurde, war allen restlos vergangen.

Ganz so reißerisch ging es in der kleinen Schwester der „Kurbel“, der „Kamera“, nicht zu, vielmehr wurden hier eher an-

Die Kurbel-Passage führte direkt nach Hollywood.

spruchsvollere Filme gezeigt. In den 80er-Jahren machte die UFA aus den beiden Sälen und Teilen der Foyers gleich sieben Kinos. Geschlossen wurde der Filmpalast 1994, nachdem der Mietvertrag von der Stadt nicht mehr verlängert wurde. Heute befindet sich an gleicher Stelle die „Kleine Bühne“ des Städtischen Theaters.

In den 70ern lockte außerdem das „Astoria“ zwischen Martinstor und Universität Freiburgs Kinofans an. Das Kino in der Löwenstraße galt zwar in den 50er-Jahren als prächtiges Lichtspielhaus, doch die Veränderungen in seinem unmittelbaren Umfeld wirkten sich nicht gerade positiv auf den Spielbetrieb aus. Spielhallen in der Passage, die zu den Sälen führte, hielten Familien mit Kindern davon ab, sich im „Astoria“ einen entspannten Abend zu gönnen. Also konzentrierte man sich auf eine neue Zielgruppe: Im Nebenraum des „Casino“ wurde ein kleines Pornokino eingerichtet, was dem Image des „Astoria“ nun ebenso wenig förderlich war wie das Glückspiel. Seinen schlechten Ruf wurde das Lichtspielhaus bis in die 90er-Jahre nicht mehr los, obwohl das „Cinema Sexy“ zwischenzeitlich mit Filmen bespielt wurde, in denen die Darsteller in der Regel Kleidung trugen. Die Inneneinrichtung, die – wenn wir uns richtig erinnern – aus knallroten Plastiksitzen bestand, war beibehalten worden. Als das „CinemaxX“ und der „Ufa-Palast“ ab 1998 Freiburgs Kinolandschaft bereicherten, stellte das „Astoria“ den Spielbetrieb ein.

1975 wurde ein Kino-Center in der Schwarzwald City eröffnet. Besucher hatten zunächst die Auswahl zwischen „City 1“, „City 2“, „Smoky 1“ und „Smoky 2“. Letztere trugen ihren Namen aus gutem Grund, denn neben den Sitzen befanden sich Aschenbecher und es durfte während der Filmvorführungen gequalmt werden, was das Zeug hielt. Wovon die meisten der Besucher redlich Gebrauch machten, was zur Folge hatte, dass stets dichte Rauchschwaden durch das Kino zogen, die das Geschehen auf der Leinwand in blauen Nebel hüllten. Später kam das „Movie“ hinzu, das ebenfalls mit einer eher schlichten Ausstattung aufwartete.

Besonders groß war keiner der Kinosäle, weshalb wir meistens von den „Schuhschachtelkinos“ sprachen, die uns weniger wegen ihrer eigenwilligen Atmosphäre, als vielmehr wegen einer denkwürdigen Episode in Erinnerung geblieben sind. Als wir es uns im Sessel so gut es ging gemütlich gemacht hatten und der Kinosaal dunkel wurde, packte ein Pärchen neben uns sein Vesper aus einer Tupper-Dose aus. Was an und für sich schon verwunderlich war, sollte man doch annehmen, dass bei einem harmlosen und zeitlich überschaubaren Filmvergnügen niemand unmittelbar vom Hungertod bedroht wird. Noch schräger indes war der Brotbelag, den die beiden für ihr Picknick vor der Leinwand auserkoren hatten: Es handelte sich um Leberwurst. Intensiv riechende Leberwurst, die ihr Aroma ungeniert in dem kleinen Vorführsaal verbreitete und für allgemeines Nasenrümpfen sorgte. Das olfaktorische Erlebnis war so eindrucksvoll, dass wir bis heute den Blockbuster „Tootsie“ mit dem Genuss von Leberwurstbroten assoziieren.

1998 wurden die Mini-Kinos dichtgemacht, andere und größere kamen hinzu. Doch trotz erhöhtem Komfort war nicht allen ein langes Leben beschieden. Von Anfang an unter einem unglücklichen Stern stand der „Ufa Palast“ mit sieben Sälen, der im März 1998 am nördlichen Ende des Bahnhofs eröffnet wurde. Zum einen hatte man gerade mal ein paar Hundert Meter weiter das CinemaxX gebaut, zum anderen war der kahle Gebäudekomplex mit seinen langen Rolltreppen so ungemütlich und steril wie ein leer stehendes Klinikgebäude. In den Ufa-Palast ging

Die Harmonie in der Grünwälderstraße.

man als Freiburger eigentlich nur, wenn es in den anderen Lichtspielhäusern keine Karten mehr für die gewünschte Vorstellung gab. So auch an jenem Abend, als wir mit unserem Englischkurs „L.A. Confidential“ anschauten und rings um uns herum auf den restlichen 410 Stühlen gähnende Leere herrschte, während auf der riesigen Leinwand einer nach dem anderen sein Leben aushauchte.

2001, knapp drei Jahre nach der Eröffnung, wurde der Filmpalast mangels Besucherzahlen geschlossen. Großes Kino mit jeder Menge Stars gibt es in dem Gebäude jedoch immer noch. Allerdings spielt sich das Geschehen auf der Leinwand hauptsächlich an der Decke ab, seit das Planetarium in einem ehemaligen Kinosaal Einzug gehalten hat.

Dagegen gibt es den akademischen Filmclub, der seit 1957 an der Universität vielfältige Filmkultur bietet, bis heute. Und was da seither im Hörsaal an Unterhaltung geboten wird, soll laut studentischen Insiderkreisen damals wie heute oft wesentlich prickelnder als so manche Vorlesung sein.

Bibbern im Marienbad

Brrrrr. Es gab ihn, den Ort des kalten Grauens. Und zwar mitten in der Freiburger Altstadt, gegenüber von der Dreisam. Sein Name: Marienbad, bis in die 90er-Jahre ein öffentliches Schwimmbad.

Von außen sah das Haus aus dem Anfang des letzten Jahrhunderts eher unscheinbar aus. Doch schon beim Eintreten wurde man von einem antiken Wasserspeier erwartet, der einer damals knapp Sechsjährigen stets hämisch zulächelte. Der wusste nämlich genau, was die kleine Bettina erwartete: Zähneklappern, Bibbern und Gänsehaut. Schon in der Umkleidekabine, wo sie sich unter mütterlicher Aufsicht in einen Badeanzug zwängen musste, war es nicht gerade besonders kuschelig. Immerhin durfte Bettina sich noch warm abduschen, bevor sie der erste eisige Strahl erschaudern ließ. „Abschrecken“ nannte die Mutter das, damit einem das chlorhaltige Wasser im Becken anschließend nicht so kalt vorkommen würde. Es war gut gemeint, aber vergebliche Liebesmüh.

Mit vor Kälte blauen Lippen hing Bettina zögerlich an der Leiter, die in die kühlen Fluten führte. Da die unwürdige Position auf längere Sicht nicht dazu geeignet war, dass sich ihr Körper erwärmte, half nur eines: Bewegung. Also hangelte sich das mit nur halb aufgeblasenen Schwimmflügeln ausgestattete Mädchen am sicheren Beckenrand beherzt Richtung Sprungbrett, während sich die Mutter gemütlich mit ihren Freundinnen im Nichtschwimmerbereich unterhielt. Bis Bettina aus unerfindlichen Gründen das sichere Terrain verließ. Schnell wurde ihr klar, dass Wasser keine Balken hat und eine Sechsjährige schlicht zu kurz geraten war, um im tiefen Wasser zu stehen. Bettina ging im Zeitlupentempo langsam unter, dann wieder

Viele Freiburger lernten im Marienbad, sich über Wasser zu halten.

hoch, wieder unter – und schluckte dabei jede Menge Wasser. Der Vorfall blieb nicht unbemerkt. Der Vater, in voller Montur oben auf der Galerie stehend, beobachtete fassungslos, wie sein Nachwuchs zu versinken drohte. Seine Schreie erreichten jedoch die mütterlichen Ohren nicht, da diese genau wie bei den anderen Badegästen durch eine Gummikappe überdeckt waren, ganz so, wie es die Vorschriften erforderten. Schnelles Handeln war also dringend angesagt:

Der Vater riss sich den Blouson vom Leib, um heldenhaft in die Tiefe hinabzuspringen. Ein Bein war schon über dem Geländer, als der vom Ertrinkungstod bedrohten Bettina just in dem Moment einfiel, dass sie ja eigentlich des Schwimmens mächtig war. Prustend paddelte sie zu ihrer Mutter, die immer noch keine Ahnung hatte, in welcher Gefahr ihr einziges Kind gerade eben noch geschwebt hatte, und der Vater durfte kräftig durchatmen. Mit den Besuchen im Marienbad war erst mal Schluss. Bis in der Schule Schwimmen auf dem Stundenplan stand.

Das Spiel wiederholte sich: Schnattern, Gänsehaut, Kälteschock. Das ging so lange, bis der verständnisvolle Kinderarzt ein Einsehen hatte und Bettina ein Attest ausschrieb, das der zwischenzeitlich Zwölfjährigen das Schwimmen verbot. Dass sie deswegen nie wie unzählige andere Freiburger ein Seepferdchen im Marienbad errungen hat, konnte sie übrigens locker verschmerzen.
Erst nach Jahrzehnten schaffte es die inzwischen erwachsene Frau, ihr Kindheitstrauma zu überwinden und die Schwimmhalle freiwillig zu betreten. Dieses Mal ohne zu frieren, denn das Bad war zwischenzeitlich in ein Kinder- und Jugendtheater umgewandelt worden.
Nur nebenbei: Ab 1979 konnte man zu Bettinas großer Freude in Freiburg endlich in warmem Wasser planschen: Unter großem Brimborium wurde das Mineral-Thermalbad mitten im Mooswald eröffnet, das nach Oberbürgermeister Eugen Keidel benannt wurde.

So viele Schneemänner!

Übermäßig von Schnee verwöhnt sind die Freiburger im Normalfall nicht. Das, was Frau Holle im Winter so vom Himmel schüttelt, reicht höchstens mal zum Schlittenfahren. Doch am 24. Februar 1986 dürfte sich so manch einer verwundert die Augen gerieben haben: Sage und schreibe 40 Zentimeter Schnee wurden in Freiburg gemessen – so viel wie nie zuvor seit den Wetteraufzeichnungen, die bis ins Jahr 1868 zurückreichen.
Nur die Hauptverkehrsstraßen wurden geräumt, auf das Streuen von Salz wurde der Umwelt zuliebe verzichtet. Entsprechend sahen die meisten Straßen aus wie Bob-Bahnen, und das Cha-

os war vorprogrammiert. Denn wie es halt so ist in einer Stadt, die normalerweise von der Sonne und gemäßigten Temperaturen verwöhnt wird, verfügten längst nicht alle Freiburger über Winterreifen, und gar manche Fahrt geriet zur unfreiwilligen Rutschpartie. Da half nur eins: Das Auto stehen lassen, zumal man sowieso nicht sicher sein konnte, wo genau es sich unter den Schneemassen versteckt hatte, und die wenigsten Lust hatten, versehentlich das Fahrzeug des Nachbarn freizuschaufeln. Dafür eröffnete der unverhoffte weiße Segen völlig neue Formen des Freizeitvergnügens. Plötzlich kam es zu wilden Schneeballschlachten inmitten der Innenstadt. Die Einwohnerzahl schnellte ordentlich in die Höhe, weil sich immer mehr Schneemänner in Vorgärten und auf öffentlichen Plätzen breitmachten. Mangels wintertüchtigen fahrbaren Untersatzes gerieten die Freiburger zwangsläufig in Bewegung. Und sahen zudem lustig aus, wenn sie sich durch die weiße Pracht kämpften, hatten doch viele Socken über ihre Stiefel angezogen, um nicht auszurutschen. Zudem gab es interessante Kopfbedeckungen zu bestaunen, beispielsweise jene einer jungen Sekretärin, die mit ihrer weißen Eskimo-Kunstpelzmütze (ein Weihnachtsgeschenk der Mutter) erfolgreich den Eindruck vermittelte, sie wolle sich auf Robbenjagd anstatt ins Büro begeben.

In Freiburg gab's in diesen schneereichen Wintertagen jedenfalls nur noch ein Thema: das Wetter. Dass just an diesem Tag König Juan Carlos I. und Königin Sofia aus dem sonnigen Spanien zu einem fünftägigen Staatsbesuch in die Bundesrepublik gereist waren, ließ die meisten Freiburger hingegen kalt.

Apropos kalt: Der kälteste Wintertag in der Stadt war am 10. Februar 1956. Stolze 21.6 Minusgrade wurden damals gemessen, die die Einwohner zum Bibbern brachten. Als Entschädigung wurden die Freiburger 1961 mit einem heißen Spätsommer verwöhnt, der alle bislang da gewesenen Rekorde brach. Die Durchschnittstemperatur lag bei angenehmen 19,5 Grad Celsius und damit sogar noch über der Juli-Norm. Die Einwohner durften sich über sage und schreibe 19 Septembertage freuen, bei denen die Höchsttemperatur mindestens bei 25 Grad lag. Mit 32 Grad war der 16. September 1961 der heißeste Tag des Monats und der Herbstmonat avancierte zum wärmsten aller Zeiten. Kapriolen schlug das Wetter indes im Juni 1966: Da wurden an einem Tag gerade mal 2,4 Grad gemessen, was die Lust auf einen Biergarten-Besuch ordentlich vergällte.

Emmentaler Venus und Roter Otto

Vermutlich haben sich Aristoteles und Homer, die den Eingang der Freiburger Universität bewachen, verwundert die Augen über den weiblichen Neuzugang gerieben, sind doch die Geschmäcker bekanntermaßen verschieden. Vor allem, wenn es um Kunst im öffentlichen Raum geht, die oft und gern Anlass für jede Menge Gesprächsstoff gibt.
So geschehen 1961, als „Die Liegende" des englischen Bildhauers Henry Moore vor dem Kollegiengebäude II der Universität Freiburg, dem heutigen Platz der Synagoge, eine neue Heimat fand. Die abstrakte Figur, die mit ihren Rundungen und Aushöhlungen einen Kontrast zur strengen Geometrie des Uni-Gebäudes bilden sollte, wurde rasch zum Stadtgespräch. Von „Schandmal" und „Steuerverschwendung" war da die Rede, obwohl sich die Kosten für die zwei Meter lange und fast zwei Tonnen schwere Figur gerade mal auf 60 000 Mark beliefen – angesichts des heutigen Marktwerts

Ein heiß diskutiertes Kunstwerk: die „Emmentaler Venus“.

ein echtes Schnäppchen. Für das die Freiburger übrigens keinen Pfennig aus der Stadtkasse herausrücken mussten. Bezahlt wurde der Neuguss der „Reclining Figure“ vom Land Baden-Württemberg.

Vielleicht waren die Freiburger in den 60er-Jahren eben einfach noch nicht reif für Moderne Kunst. Dafür erwiesen sie sich bei der Namensgebung der Plastik umso findiger, die als „Emmentaler Venus“ in die Stadtgeschichte einging. Von den Freiburgern gering geschätzt, als Abstellfläche für leere Bierflaschen missbraucht, erfreute sich Henry Moores Schöpfung indes anderorts großer Beliebtheit. 2005 ging sie auf Reisen zu einer Ausstellung nach England – mit stolzen 1,5 Millionen Euro versichert. 2014 durfte sie erneut ins Königreich reisen – mit derselben Summe versichert.

Nicht viel besser als der „Emmentaler Venus“ erging es 1973 zunächst dem zwölf Meter hohen roten Kunstwerk, das einen Farbtupfer in das triste Betongrau des Stadtteils Landwasser bringen sollte. Auf einem vier Meter hohen Betonunterteil setzte der Künstler drei grinsende Figuren mit Kulleraugen und klobigen Händen, die Mann, Frau und den Naturgott Faun symbolisieren. Die drei von Landwasser drehen sich zudem lässig im Wind, sodass ihre Arme freundlich winken.

Der „Rote Otto" in Landwasser.

Wie die Figur heißen sollte, durften die Einwohner Landwassers damals selbst entscheiden. Die Wahl fiel auf „Roter Otto". Warum auch immer.
Wurde am Anfang noch von „Verschandelung" des Stadtteils gesprochen, begannen die Einwohner nach und nach, ihren „Roten Otto" ins Herz zu schließen und sammelten sogar für seine Sanierung, als der Zahn der Zeit an ihm zu nagen begann. Heute ist der riesige Rote das Wahrzeichen des Stadtteils.
Der eine oder andere kann sich noch an Peter Drehers Selbstbildnisse an der Fassade der alten Universitätsbibliothek erinnern. Gemalt hatte der 1932 in Mannheim geborene Künstler die Bilder-Serie zwischen 1977 und 1979 und zwar direkt vor Ort. Damals wurde sie von einigen Freiburgern gar als Provokation aufgefasst – und beschädigt. Als „selbstverliebte tägliche Fingerübungen" habe er die Gemälde empfunden, erinnert sich heute ein ehemaliger Student, der die Arbeit des Künstlers mehr als skeptisch verfolgt hatte.
Auf wenig Verständnis stießen auch die Marmorfiguren „Mann" und „Frau" des deutschen Bildhauers Joachim Schmettau, die 1979 auf der Brücke zur Universitätsbibliothek die Passanten beobachteten. Dieses Mal, weil einige Betrachter mit den „Rollenklischees" nicht einverstanden waren. Während der Mann dominant vor dem Eingang aufragt, wurde die Frau in einiger Entfernung in eher passiver Form postiert. Ein klassischer Fall für die Gleichstellungsbeauftragte also. Mit dem Bau der neuen Universitätsbibliothek wurde der Gleichheitsgrundsatz bei dem Marmor-Paar jedoch wiederhergestellt: Da sich für die zwei auf der Fußgängerbrücke kein Plätzchen mehr fand, wurden sie schlicht eingelagert.

Sonntagsausflug in den Schwarzwald

Sonntags war Ausflugstag. Und wo ging es da für die Städter hin? Natürlich in die Natur, genauer gesagt, in den Schwarzwald. Und zwar mit dem Auto. Im Sommer zum Baden an den Schluchsee, im Winter auf den Feldberg zum Skifahren.

Ein reines Vergnügen war die Anfahrt nun nicht gerade, besonders dann nicht, wenn man als Kind auf dem Rücksitz saß. Schon im zarten Alter von fünf Jahren wussten wir ganz genau: Die „Augsburger Puppenkiste“ würde mal wieder ohne uns im Fernsehen stattfinden, was eh schon schlimm genug war. Und was erwartete uns stattdessen? Eine sterbenslangweilige Autofahrt. Bis wir endlich den bronzenen Hirschen auf seinem Felsen im Höllental sahen, zog sich die Zeit auf dem Rücksitz wie Kaugummi, zumal der Gameboy schlicht noch nicht erfunden war.

Viel Zeit musste einkalkuliert werden, um auf vier Rädern in den Schwarzwald zu gelangen. Bis 2002 bildete sich auf der Strecke schon im östlichen Teil Freiburgs zuverlässig ein riesiger Stau. Ordentlich ausgebremst wurde der Verkehr bereits in der Schwarzwaldstraße, wo sich die Autos Stoßstange an Stoßstange im Schneckentempo vorwärtsbewegten, nur um im nächsten Nadelöhr, dem Stadtteil Ebnet, zu landen.

Dort bot sich links und rechts der Durchfahrtsstraße ein trauriger Anblick: Von Abgasen geschwärzte Häuserfassaden, die so aussahen, als wären sie von unbekannter Hand mit Kohlestaub beschmiert worden. Also nichts, was ein Kind, das auf den Kater Mikesch verzichten musste, begeistert hätte. Das gleiche Spiel wiederholte sich bei der Heimfahrt und die Begeisterung über die stark frequentierte Strecke mitten hinein in den Schwarzwald hielt sich nicht nur bei den leidgeprüften Anwohnern stark in Grenzen. Das sahen auch andere so. Bereits 1931 gab es erste Überlegungen, anstelle der engen Landstraße durch Ebnet eine Schnellverkehrsstraße entlang der Höllentalbahn zu bauen. In den 50er-Jahren wurden die Planungen für den Neubau der Bundesstraße 31 wieder aufgenommen, die Ideen reichten von einer Schwarzwaldautobahn, einer Untertunnelung des Rosskopfes, einer Straße auf Stelzen über der Dreisam bis zu einer Tunnelröhre im Flussbett.

Am 31. Januar 1984 beschloss der Freiburger Gemeinderat mit großer Mehrheit das Konzept B-31-Ost/Stadttunnel. Im Dezember desselben Jahres erfolgte der Planfeststellungsbeschluss des Regierungspräsidiums. Und damit fiel der Startschuss für das umstrittenste Straßenbauprojekt in der Stadtgeschichte, das schon im Vorfeld für jede Menge Gesprächsstoff und Widerstand gesorgt hatte. Auf der einen Seite kämpfte beispielsweise die bereits 1981 gegründete Notgemeinschaft Schwarzwaldstraße als Bürgerinitiative zwei Jahrzehnte lang für die Inbe-

Jahrelang kämpften Anwohner der B 31 Ost für eine Umfahrung.

triebnahme der neuen B 31 Ost – mit Tausenden von Flugblättern und Großdemonstrationen, mit Briefen, Leserbriefen und Zeitungsanzeigen. Auf der anderen Seite wiederum standen die Straßenbaugegner, die ein verstärktes Verkehrsaufkommen auf der geplanten 4-spurigen Trasse befürchteten beziehungsweise den B-31-Tunnel gar als Anfang einer West-Ost-Achse Paris-Budapest sahen, und die Straße deshalb schlicht als Schildbürgerstreich bezeichneten.

Entsprechend kochten die Emotionen am 17. März 1994 beim „Ersten Spatenstich" am „Kappler Knoten" gewaltig hoch. Der damalige Ministerpräsident Erwin Teufel sei nicht von Blasmusik, sondern von Wurfgeschossen aus feuchten Grasbüscheln empfangen worden, erinnerte sich der ehemalige Leiter der Freiburger Lokalredaktion Wolfgang Fiek. Selbst 31 nach Ebnet aufsteigende weiße Tauben, ein originelles Friedensangebot der Notgemeinschaft Schwarzwaldstraße, vermochten nichts an den tumultähnlichen Zuständen zu ändern. Zu den Gegnern der Straße zählte auch die Initiative „BÖHMische Dörfer" (Eine Anspielung auf den damaligen Oberbürgermeister Rolf Böhme), die es sich zum Ziel gesetzt hatte, die für den Bau der neuen B 31 Ost erforderliche Abholzung des Konrad-Günther-Parks zu verhindern. Wie das aussah, wurde auf einem Flugblatt wie folgt festgehalten:

Am Sonntag den 20.Oktober um 6.00 Uhr haben wir damit begonnen, im Konrad-Günther-Park ein Hüttendorf einzurichten, um gegen die bevorstehende Abholzung der zum Teil 300 Jahre alten Bäume in diesem Park zu demonstrieren. Der Konrad-Günther-Park soll für den Bau der B31 Ost Neu abgeholzt werden. Um die Bäume möglichst effektiv zu schützen, werden wir in den Bäumen Hütten bauen und uns „häuslich" einrichten. Die Baumhütten werden in bis zu 15m Höhe an Seilen aufge-

hängt, um möglichst schwer erreichbar zu sein. Parallel dazu wird am Boden ein Hüttendorf eingerichtet“

(Flugblatt, Oktober 1996)

Am 29. Oktober wurde der Park von rund 1000 Polizeibeamten geräumt, noch am selben Tag wurde mit den Rodungsarbeiten begonnen. Der Widerstand hielt dennoch an: Weitere Demos und andere Aktionen wurden von den Gegnern organisiert, Zelte auf dem Baustellengelände aufgestellt, die jedoch bald wieder verschwanden. Trotz des heftigen Gegenwinds konnte die Neubaustrecke am 24. Oktober 2002 feierlich in Betrieb genommen werden.

Das erste Einkaufszentrum

Noch lange nach Kriegsende waren in der Innenstadt die Spuren des Bombenangriffs von 1944 zu sehen. Dazu zählte ein riesiges Trümmergrundstück zwischen Merian-, Schiff-, Rau- und Wasserstraße. Im Herbst 1970 beschloss der Gemeinderat, die Lücke zu schließen, und zwar mit einem neuen Wohn- und Geschäftszentrum. Die Schwarzwald City sollte das größte Bauvorhaben Freiburgs nach dem Zweiten Weltkrieg werden.

Im Frühjahr 1971 begann die Market GmbH aus Augsburg mit den Bauarbeiten. Der Grundstein wurde in 19 Meter Tiefe gelegt, und gemeinsam mit ihm wurden einige Dokumente und eine Zeitung in die Erde versenkt. Besonders aufwendig gestaltete sich der Bau der viergeschossigen Tiefgarage: Insgesamt mussten rund 190 000 Kubikmeter Erde ausgehoben werden, was dem Volumen von 19 Millionen handelsüblichen Eimern entspricht. Ganz schön viel also.

Hier entstand Anfang der 70er-Jahre die Schwarzwald City, das erste Einkaufszentrum der Stadt.

Am 18. Januar 1973 – man beachte die relativ kurze Bauzeit – war es so weit: Die Schwarzwald City, mit 72 Millionen Mark Baukosten rund 22 Millionen Mark teurer als geplant, öffnete ihre Pforten. Und die Freiburger nebst Touristen konnten erstmals selbst beim stärksten Unwetter ohne Schirm und nasse Füße shoppen gehen.

36 Geschäfte befanden sich in der Anfangszeit unter einem Dach: Zu jenen, die ihre Produkte und Dienstleistungen in dem Center anboten, gehörte eine gewisse Madame Kyrah, ihres Zeichens Wahrsagerin, die für stolze 60 Mark in die Zukunft blickte. Ob sie wohl vorhergesehen hatte, dass nicht alle über den kastenförmigen Bau inmitten der Stadt glücklich sein würden? Jedenfalls stieß die Fassade der Schwarzwald City durchaus auf harsche Kritik. „Schwarzwald City list m'r jez midde in de Stadt, damit sell'r nei Einkaufskaschte au e Name hat. Un' schausch dann no näher an die Fassad, kennt'sch grad der vulaufe in d'r Tat", war in der Badischen Zeitung zu lesen, die damit sicher vielen aus der Seele sprach.

Geschäfte kamen und gingen, und im März 1975 war die Augsburger Market-Bau GmbH pleite. Neue Eigentümerin wurde die Hessische Landesbank, die fortan verstärkt auf eine passende Mischung der Läden achtete. Offensichtlich erfolgreich, denn viele Geschäftsinhaber konnten schon kurze Zeit später von beachtlichen Umsatzsteigerungen berichten. Dennoch, so ganz zufrieden war man mit der Schwarzwald City immer noch nicht, zumal sich häufig ungebetene Gäste darin herumtrieben. 1979 wurde mit dem großen Umbau begonnen, als Vorbild sollte das Darmstädter Luisencenter mit seiner Ladenstraße dienen. 1980 gab es wieder ein Fest, dieses Mal wurde der Umbau eingeweiht. Mit dem neuen Ambiente entstanden neue Marketingideen. Besonders populär waren in den 1980er-Jahren diverse Modenschauen, die Tausende Besucher anlockten. Nicht, weil die Freiburger als Trendsetter in Sachen Mode Paris oder Mailand den Rang ablaufen wollten, sondern weil die Events von bekannten Fernsehgrößen wie Fernseh- und Radiomoderatorin Sigi Harreis oder Wetterfrosch Elmar Gunsch moderiert wurden. Auch der spätere „Wetten dass…"- Moderator Thomas Gottschalk informierte die Besucher am 17. März 1983 über die neusten Trends und Looks.

Um Menschen anzulocken, wurden die Räumlichkeiten häufiger für Ausstellungen genutzt. Neben riesigen Gartenzwergen, Radakrobatik auf Schrottautos und einer Präsentation von bunten Surfbrettern wurde eine Ausstellung fantasievoller Metallskulpturen auf die Fassade des Centers ausgedehnt: Eine rund acht Meter hohe Metall-Konstruktion, die vorübergehend die Außenwand Richtung Kartoffelmarkt zierte, diente dabei einem Trompeter als Kanzel für ein Abendkonzert.

Die Ausstellungen wechselten ebenso wie die Besitzer: 1985 ging die Schwarzwald City erneut in neue Hände über, dieses

Mal in jene der Hamburg-Mannheimer Versicherung, die das Einkaufscenter 2003 der Hildesheimer Firma Luximo übergab. 2006 übernahm der Freiburger Geschäftsmann Walter Pyhrr die Schwarzwald City und wurde damit zum fünften Besitzer des Wohn- und Einkaufszentrums seit seiner Eröffnung 1973.

Herzlich egal war die wechselvolle Geschichte der Schwarzwald City, die übersichtlich auf deren Homepage dargestellt ist, jenen drei Mädchen, die sich Mitte der 70er beherzt in das Einkaufszentrum aufmachten, angelockt von einem ganz speziellen Warensortiment, das in einem der Geschäfte geboten wurde. Erst schauten sie sich vorsichtig um, ob niemand ihr Treiben beobachtete, der sie bei den Eltern verpfeifen konnte, und dann schlichen sich die knapp 15-Jährigen, den Schulranzen unterm Arm, gemeinsam in einen Sex-Shop, um das dortige bis dato völlig unbekannte Angebot näher in Augenschein zu nehmen.

Wieso sich Erwachsene Puppen mit riesigen Augen und Mündern kaufen sollten, war ihnen dabei nicht so recht klar. Auch nicht, was man mit den geheimnisvollen Dingern aus Plastik anstellen konnte, die irgendwie an etwas erinnerten, das sie nur aus der „Bravo“ kannten. Kurzum, das verbotene Unterfangen erwies sich als wesentlich weniger spannend als erhofft. Nach zehn Minuten hatte das Trio jedenfalls genug von dem Sündenpfuhl. Die Frage war nur, was sich jetzt noch Sinnvolles mit der geschwänzten Schulstunde anfangen ließ. Aber zum Glück gab es da ja das Zoogeschäft Krüger, dem man einen Besuch abstatten konnte. Wer braucht als Teenager schon Handschellen und sonstiges Sex-Spielzeug, wenn man stattdessen Häschen und Meerschweinchen streicheln durfte.

Heidis Urlaubsliebe

Sommer 1976, kurz vor den großen Ferien. Auf dem Pausenhof des Rotteck-Gymnasiums, im hintersten Winkel, wo die Aufsicht nicht gleich aufmuckte, wenn verstohlen ein Glimmstängel die Runde machte (ja, so was gab's damals noch) wurden die Gespräche nur von einem Thema bestimmt: Wer fährt wohin in den Urlaub. Je weiter, je besser. „Wir fahren nach Rimini", erzählte eine Schülerin stolz. Ein ferner Ort, den sich die andächtig lauschenden Zuhörerinnen ähnlich exotisch vorstellten wie Honolulu. Doch sie wurde prompt getoppt. „Wir machen Urlaub in Spanien", berichtete die Nächste. Von Spanien war immerhin bekannt, dass es dort warm war und Männer in engen Hosen mit roten Tüchern vor Stieren rumwedelten.
Nur eine der damals 15-Jährigen hielt sich in Sachen Urlaub ungewöhnlich bedeckt. Es war aber auch zu peinlich, was sich Heidis Familie dieses Mal ausgedacht hatte. Nußdorf am Bodensee hieß das nicht gerade vielversprechende Ziel, zu dem sie zwei Wochen lang zwangsverschleppt werden sollte. Gemeinsam mit ihrer Mutter und einer gleichaltrigen Freundin, der das Leben ähnlich ungerecht mitspielte. Und warum das Ganze? Vater musste in den Schulferien arbeiten, ein größerer Familienurlaub wurde aus Solidarität aufs kommende Jahr verschoben und der Bodensee war nur schlappe eineinhalb Autostunden von Freiburg entfernt.
Die Vorfreude auf die lehrer- aber leider nicht restlos elternfreien Tage am Bodensee (größter See in Deutschland, wie Heidi in Erdkunde zufällig aufgeschnappt hatte), hielt sich bei ihr sehr in Grenzen, doch sämtliche Versuche, den öden Trip noch abzuwiegeln, schlugen fehl.
Die Ferien kamen, der Vater verfrachtete Mutter und seine äußerst schlecht gelaunte Tochter nebst Freundin in einen roten

VW namens Ludwig und fuhr mit ihnen in dieses langweilige Kuhdorf, wie die 15-Jährige nicht müde wurde, zu betonen. Und es war auch kein Nobelhotel, das die drei Damen dort erwartete, sondern eine etwas heruntergekommene Pension mit Bad im Gang. Das zudem ständig belegt war, was die Sache nicht besser machte. Langer Rede, kurzer Sinn: Es war einfach die Hölle. Die erste Nacht verbrachte die unfreiwillige Bodensee-Urlauberin schlaflos und schnaubend vor Wut – was zum einen den zahllosen Schnaken, zum anderen dem Schnarchen der etwas zur Adipositas neigenden Freundin zu verdanken war. Das Szenario war weit entfernt von dem, was sich ein Teenager gemeinhin unter einem spannenden Urlaub vorstellt. Dagegen schien der ansonsten verhasste Mathematikunterricht ja geradezu paradiesisch.

Bis der nächste Morgen alles ändern sollte. Strahlender Sonnenschein lag über dem See, gemeinsam weihte das Trio die pensionseigene Liegewiese ein, zu der ein kleiner Badesteg gehörte. Und dieser Steg war's, der die Ferien auf einmal in einem völlig neuen Licht erscheinen ließ. Denn auf besagter Einrichtung tummelten sich – Jungs. Diese wiederum campierten auf dem Zeltplatz gegenüber, wie sich herausstellte. Und waren ebenfalls dankbar für jede Abwechslung.

Zuerst traute Heidi sich nicht so recht, sich dazuzugesellen. Schon gar nicht im neuen Bikini. Bis die Mutter Mut machte, doch mal zu den Gleichaltrigen rüberzugehen. Im Schlepptau die Freundin, die sich ebenso wie sie selbst aus der Jugendzeitschrift „Bravo“ hinlänglich über das andere Geschlecht informiert hatte, machte sich der Teenager zögerlich auf, das interessante Neuland auf dem schmalen Steg zu erkunden.

Unangenehm dabei war nur, dass Jungs im reifen Alter von 16 ihre Sympathie gegenüber Mädchen zeigten, indem sie sie ständig ins Wasser schmissen. Und einer versenkte Heidi bemerkenswert oft im zunächst so verhassten Bodensee: ein gewisser Frank aus Dortmund.

Damals verlief das männliche Balzen nach klaren Regeln: Als Mädchen wurde man tagsüber ins Wasser geschmissen, abends vor dem Zelt hingegen derart angehimmelt, dass die Ravioli in Dosen, die obligatorisch bei jedem Campingurlaub als Grundnahrungsmittel dienten, ohne Feuer warm wurden. Kurzum: Es entwickelte sich eine süße Urlaubsromanze just an jenem verhassten Ort.

Nein, Heidi brauchte keine Ausflüge mehr, die Insel Mainau konnte ihr genauso gestohlen bleiben wie das Überlinger Münster. Sie wollte auch überhaupt nicht mehr zurück nach Freiburg, sondern nur noch eins: auf den Steg. Zu den anderen Jugendlichen, die genauso wenig wie sie in Spanien oder Italien gelandet waren, und zu ihm, dem Dortmunder, der zwei Köpfe größer war und orangefarbene Hemden mit riesigem Kragen trug, wenn er nicht in der Badehose steckte. Als die 14 Tage verflogen waren, flossen bittere Tränen. Die Freundin, die sich ebenfalls bundeslandübergreifend in einen der Dortmunder Camper verknallt hatte, heulte ebenfalls wie ein Schlosshund. Es wurde ewige Treue geschworen, nach den Ferien etliche Briefe ausgetauscht (auch so was gab's damals noch). Und als die Schule nach den Ferien wieder anfing, konnte Heidi im Pausenhof des Rotteck-Gymnasiums mit der romantischen Nußdorfer Liebesgeschichte locker mit den exotischeren Urlaubserlebnissen der anderen mithalten.

Freiburgs sündige Meile

In den 70er-/80er-Jahren gab es mehrere Möglichkeiten, von Freiburg direkt auf die Reeperbahn zu gelangen: Entweder man stieg ins Auto oder in die Bahn und fuhr nach Hamburg, oder man durchschritt einen schmalen Hauseingang nahe des Oberlindenplatzes, stiefelte eine Kellertreppe hinab und schon war man im „Le Caveau", eigentlich ein Studentenklub, in dem sich jedoch alle Altersschichten wohlfühlten.

Egal, zu welcher Uhrzeit: Ein Stammgast war immer anzutreffen, nämlich der Radfahrer, der samt seinem Fahrrad an der Decke baumelte und von oben das Treiben beobachtete. So richtig voll wurde es in dem Gewölbekeller gegen Mitternacht, denn pünktlich um halb eins verwandelte sich der Keller in die sündigste Meile Freiburgs. Ob unten an der Bar oder oben auf der Balustrade, gemeinsam wurde geschunkelt und mitgesungen zu Hans Albers' „Auf der Reeperbahn nachts um halb eins", bevor Drafi Deutscher im Anschluss Marmor, Stein und Eisen brechen ließ und „Dam, dam, dam, dam" als stimmgewaltiger Chor die Wände wackeln ließ. Wenn Wolfgang Ambros zum „Ski fahrn" einlud, war die gute Laune auf dem Höhepunkt.

Wenn juckte es da, dass weder für das „Le Caveau" noch für die Nachfolgedisco „Kamikaze" im Gebäude Oberlinden 8 jemals eine baurechtliche Genehmigung existiert hatte. Zwar hatte die Stadtverwaltung dem „Initiativausschuss Freiburger Studenten" 1970 die Baugenehmigung für ein Vereinslokal erteilt – allerdings nur begrenzt auf drei Jahre.

Genehmigt hingegen war in den 80ern der übermäßige Genuss von Erdnüssen im „Sitis" in der Kaiser-Joseph-Straße, eine Diskothek mit winzig kleiner Tanzfläche. Die Erdnuss-Partys waren genauso legendär wie der Kultsong der DDR-Gruppe „Am

Abend für Abend war im „Le Caveau“ Hans Albers angesagt.

Fenster“, der regelmäßig auf dem Plattenteller aufgelegt wurde. Selbstverständlich in der Original-Version. Dauer: Sechs Minuten und 56 Sekunden. Angesagt waren auch die Diskothek „Parabel“ in der Universätsstraße, die „Tangente“ in der Nußmannstraße, das „EL.PI“ in der Schiffstraße, das heute als ältester Klub der Stadt gilt, und natürlich der „Rote Punkt“, ein Treffpunkt für die eher alternative Szene, in dem sich in den Zigarettenrauch öfters diverse Gerüche von Substanzen mischte, die jeden Drogenhund nervös gemacht hätten.
Wem es in den verräucherten Kellern zu dunkel war, der ging zum Tanzen ins „Zorba the Buddha“, das später „Agar“ hieß. Dort war es fast taghell und an der Wand hing ein riesiges Bild des Gurus Osho. Der war der Grund, warum sich regelmäßig Menschen, die von Kopf bis Fuß in Orange gekleidet waren, mit eingebranntem Dauerlächeln unter die Gäste mischten.
In den 70ern gab es noch weitere beliebte Treffpunkte für Nachtschwärmer. So galt der „Würstlepuff“ schlicht als Kult.

Seine Bezeichnung hatte der Imbiss an der Ecke Kaiser-Joseph-Straße und Adelhauser Straße der Tatsache zu verdanken, dass sich über der Wurstbude der Nachtklub „Regina-Bar“ befand. Bis in die frühen Morgenstunden konnte man sich an der Bude den Bauch vollschlagen – wovon alle gesellschaftlichen Schichten reichlich Gebrauch machten. Wer immer noch nicht genug hatte, begab sich anschließend zum Katerfrühstück ins Café Ruef, wo schon ab sechs Uhr das pralle Leben tobte. Belohnt wurde das Durchhaltevermögen der Nachtschwärmer mit Rühreiern und frischen Croissants.

„Ich heiße Erwin Lindemann"

Gespielt hat er in mehr als 200 Theaterproduktionen: Doch so richtig berühmt wurde Heinz Meier, der in den 50er-Jahren zu den Mitbegründern des Freiburger Wallgraben-Theaters gehörte, als nervöser Lottogewinner, dessen Tochter mit dem Papst eine Herrenboutique in Paderborn eröffnen wollte. „Ich heiße Erwin Lottemann, äh Lindemann.“ Heinz Meiers grandiose Versprecher in einem fiktiven Fernseh-Interview garantierten, dass das Publikum vor Lachen keine Luft mehr bekam. Der Sketch stammte von keinem Geringeren als dem unvergesslichen Loriot. Und der brauchte dafür einen Schauspieler, der wie ein ganz normaler Mensch Ja und Nein sagen könne, wie Heinz Meier in einem Interview mit dem „Spiegel“ verriet. Offensichtlich war er dafür genau der Richtige. Meier bekam die Rolle und von diesem Tage an waren er und Victor von Bülow, wie Loriot eigentlich hieß, unzertrennlich. Dieser Freundschaft war es auch zu verdanken, dass das Wallgraben-Theater für lange Zeit

Heinz Meier im berühmten Loriot-Sketch „Die Nudel".

das Privileg hatte, Loriot-Sketche exklusiv aufführen zu dürfen – was über 1000-mal der Fall war.

Die Freiburger konnten ihren Heinz Meier jedoch nicht nur auf der kleinen Bühne sehen. Unter anderem sorgte er als Oberhaupt der „Familie Hoppenstedt" bei einem breiten Fernsehpublikum für etliche Lacher, ebenso mit den Loriot-Filmen „Ödipussi" und „Pappa ante Portas". Unvergesslich die Episode „Mutters Klavier", in der er einen Möbelpacker spielte. Früher war halt einfach mehr Lametta, beherrschte der Schauspieler doch die seltene Kunst, das Komische ernst zu nehmen.

Geboren wurde Heinz Meier am 17. Februar 1930 in Perwissau bei Königsberg. Über Umwegen landete er 1947 in Südbaden, wo er nach dem Krieg Mutter und Geschwister wiederfand. Er legte sein Abitur ab und studierte an der Freiburger Universität Literaturgeschichte und Geschichte des Mittelalters. Gemeinsam mit ein paar Kommilitonen, die genauso theaterverrückt wie er waren, gründete er 1953 das Wallgraben-Theater. Spielstätte war zunächst ein ehemaliger Wein- und Luftschutzkeller im Hinterhof der Wallstraße.

Die Anfänge waren bescheiden, die Zuschauer verfolgten die Vorstellungen auf Holzbänken, Marmeladeneimer mussten als Scheinwerfer herhalten. Immerhin gab es eine Heizung, von der es hieß: „Wenn nach Schließen des Vorhangs der Heizungsventilator nicht eingeschaltet wird, ist die Vorstellung zu Ende."
1973 erfolgte der Umzug in den Keller des neuen Rathauses. Zur Premiere am 11. April wurde Thomas Bernhards Stück „Der Ignorant und der Wahnsinnige" gezeigt, in dem Heinz Meier den Arzt spielte. Überhaupt fühlte er sich vor allem mit dem modernen Theater verbunden: Beckett, Sartre, Camus, das war sein Ding. Doch die meisten seiner Fans liebten ihn als Lottogewinner, der in 66 Jahren nach Island fahren wollte.
Heinz Meier starb im Juli 2013 im Alter von 83 Jahren. Noch einen Monat vor seinem Tod war er anlässlich des 60-jährigen Bestehens des Wallgraben-Theaters mit dem Stück „Ach was! Loriot!" auf der Bühne gestanden.

Voller Bauch studiert nicht gern

1961 pflegten in der Mensa täglich etwa 4000 Freiburger Studierende aus Plastikschüsseln und -tellern zu speisen. Doch nur höchstens 2600 von ihnen konnten zur gleichen Zeit bedient werden. So blieben den Studenten durchschnittlich zehn Minuten, ihr Essen herunterzuschlingen. Gemütlich und erholsam war definitiv anders – und das bekannte Sprichwort „Voller Bauch studiert nicht gern" wurde für viele Geschmäcker nun doch etwas überstrapaziert.
Für Raucher wurde es richtig unbehaglich, denn im November 1961 wurde ein Rauchverbot eingeführt, damit die Studenten so

wenig Zeit wie möglich in der Mensa verbrachten, zumal noch lang nicht alle das Glück hatten, zu Stoßzeiten einen freien Stuhl zu ergattern. Viele mussten ihr Essen im Stehen einnehmen. Dennoch schlichen sich gelegentlich die Studenten der Pädagogischen Hochschule in die Mensa, obwohl das eigentlich nicht gestattet war und streng geahndet wurde. Wer erwischt wurde, musste fünf Mark Strafe bezahlen, was in ungefähr dem Preis von fast sechs Eintopfessen entsprochen habe, erinnerte sich Josef Schneider, der in den 60er-Jahren an der Pädagogischen Hochschule studiert hatte, in einem Interview mit der Badischen Zeitung.

Immerhin durften die Studenten seit den 60er-Jahren auf Original Eames-Stühlen des Herstellers Vitra sitzen, die Jahre später zu begehrten und vor allem teuren Sammelobjekten werden sollten. Nur nebenbei: 2013 fielen 84 besagter Exemplare einem dreisten Diebstahl zum Opfer.

Doch zurück zum Platzmangel in der Mensa. Hatte ein Student oder eine Studentin es nicht geschafft, ein mittägliches Essen an der Uni zu ergattern und war der Hunger abends zu groß, gab es die „Brennessel". Was fällt einem Freiburger dazu als Erstes ein? Richtig. Spaghetti Bolognese. Wegen dieses schon längst eingebürgerten italienischen Gerichts hatte die Kneipe in der Escholzstraße vor mehr als dreißig Jahren echten Kultcharakter, zumal der Begriff „vegan" im Freiburger Sprachschatz noch keinen Einzug gehalten hatte. Die Portionen waren gewaltig, boten eine gesunde Grundlage für anschließende nächtliche Kneipentouren und ließen das monatliche Bafög dennoch nicht merklich schrumpfen, weil die Preise mehr als moderat waren.

Warum sollte man sich also als viel beschäftigter Student nach den Vorlesungen an den Herd stellen, wenn man sich in der Gaststätte mitten im Stühlinger bequem den Bauch für 3,50

Essen wie am Fließband: Die Mensa der Universität Freiburg in den 70er-Jahren.

Mark vollschlagen konnte? Zumal man sich nicht nur die Kocherei, sondern auch den leidigen Abwasch (Spülmaschinen waren in den 80er-Jahren in studentischen Haushalten so selten wie Kakadus in der Antarktis) gleich mitsparen konnte. Kurzum: Dank der studentenfreundlichen Preispolitik des Wirts blieb der einen oder anderen Wohngemeinschaft so manch häusliche Krise in puncto Haushaltsführung erspart – zumal es ziemlich mühselig war, angetrocknete Bolognese nach zwei Tagen von den Esstellern wegzuschaben.

Die „Brennessel“ gibt es nach wie vor, und der Preis für Spaghetti Bolognese ist geblieben, nur halt in einer anderen Währung. Und viele, die früher im Kreise der Kommilitonen gespeist und getrunken haben, kommen heute gerne in Begleitung ihrer Enkel in die Studentenkneipe.

Freiburg tanzt

So wie er konnte keiner beim Paso Doble auf den Knien übers Parkett rutschen: Eugen Fritz. Er und seine damalige Partnerin Ute Streicher waren es, die den Tanzsport in Freiburg erst so richtig populär gemacht haben.

Seine Tanzschule eröffnete Eugen Fritz 1969 – ganz schön mutig in jener verrückten Zeit, als sich auf einem Stück Weideland im US-Bundesstaat New York bei „Woodstock“ massenweise Menschen zu Folk, Rock und Blues im Schlamm wälzten. Konnte man da überhaupt noch irgendjemand mit gediegenem Walzer und Foxtrott hinter dem Ofen vorlocken? Eugen Fritz konnte, denn was für die einen Jimi Hendrix und Janis Joplin bedeutete, war für viele andere Hazy Osterwald und Johann Strauss. So zeigte der temperamentvolle Tanzlehrer seinen Schülern geduldig, wie man sich zu den unterschiedlichsten Takten elegant auf dem Parkett bewegte. Unter den Tanzbegeisterten waren einige, die später ganz schön erfolgreich sein sollten, denkt man nur an die ehemaligen Profi-Weltmeister Hans-Reinhard Galke und Bianca Schreiber.

Um es gleich vorwegzunehmen: So weit haben es zwei Freiburger, von denen gleich die Rede sein wird, nie gebracht, obwohl sich Eugen Fritz in den 80er-Jahren wirklich alle Mühe gab, ihnen die richtigen Tanzschritte beizubringen.

Blutige Anfänger waren beide nicht, den obligatorischen Anfänger- und Fortgeschrittenenkurs hatten sie bereits als Schüler hinter sich gebracht. Wobei die junge Frau früh die Erfahrung machen musste, dass Jungs, die einem beim Walzer nicht auf die Füße trampelten, eher Mangelware waren. Deshalb kam es für sie einem Sechser im Lotto gleich, ein männliches Wesen im „Heuboden“ Umkirch, eines der angesagtesten Tanzlokale im Umkreis von Freiburg, kennenzulernen, der Samba nicht für eine brasilianische Soße hielt und sorgfältig darauf achtete, ihr beim Disco-Fox nicht den Arm auszukugeln.

Nach dem zweiten Asbach gedopt (für Jüngere: eine Art Cola-Kognak-Gemisch) war die Sache klar: Die beiden beschlossen, gemeinsam einen Bronze-Tanzkurs in der Tanzschule Fritz zu belegen, die damals im Hotel „Rheingold“ in der Eisenbahnstraße Kurse anbot. Gesagt, getan: Vor riesigen Spiegeln gaben sie unter professioneller Anleitung ihr Bestes in Sachen Rumba, Jive und langsamer Walzer.

Da die beiden zwischenzeitlich zwar gut befreundet, aber nicht miteinander liiert waren, liefen die Tanzstunden sehr harmonisch ab. Im Gegensatz zu anderen, verheirateten Paaren, die sich regelmäßig in die Wolle kriegen konnten, wenn einer der Beteiligten bei der Schrittfolge gepatzt hatte. Jedenfalls erwies sich der Tanzboden zeitweise als echtes Minenfeld, was zwischenmenschliche Beziehungen anbelangte.

Selbst in den Pausen, die Eugen Fritz seinen Schülern gönnte, wurde bei einem Glas Sekt höflich, aber bestimmt debattiert, wer wieder mal links und rechts verwechselt hatte. Manchmal so heftig, dass man schon befürchten musste, Freiburgs Scheidungsanwälte würden dem Ansturm nicht mehr gerecht werden. Der Tanzsport als solcher bot jedoch noch ganz andere Tücken. Eine Gefahrenquelle bestand beispielsweise darin, sich bei hohem Tempo in die Quere zu kommen, weshalb Frau gut bedient war, wenn ihr Partner, der – zumindest beim Paartanz – den Ton angab, den Überblick hatte. Gelegentlich kam es nämlich vor, dass es laut rumste und sich ein Pärchen unverhofft auf dem zwar unversiegelten, aber nichtsdestotrotz glatten Boden wiederfand.

Empfang für das erfolgreiche Tanzpaar Hans Reinhard Galke und Bianca Schreiber.

Einen Unfall anderer Art erlebte hingegen unser Tanzpaar: Tiefer Winter war es, als sie zur Tanzschule marschierten. Tiefster Winter – und eisglatt. Weswegen sie in dicken, rutschfesten Stiefeln unterwegs war und die Tanzschuhe diskret in einer Plastiktüte verstaut hatte. Nicht so ihr Tanzpartner. Der tapste in seinen glatten Lederschuhen neben ihr her, zumindest so lange, bis es ihm den Boden unter den Füßen wegriss und er unsanft mit dem Rücken auf dem schneeverwehten Gehweg landete.
Nun, den Abend verbrachten die beiden zwar im „Rheingold", allerdings nicht auf dem Parkett, sondern hauptsächlich an der Bar. Während sich die Stimmung nach zwei Gläsern Sekt merklich gehoben hatte, forderte Eugen Fritz – und an die Formulierung kann sich das Paar genau erinnern – die Damen todernst auf, ihre „Spirale" zu zeigen. Natürlich ging es nicht um die öffentliche Demonstration von Verhütungsmitteln, sondern um eine Figur bei der Rumba. Dennoch, die Aufforderung des Tanzlehrers (und der Sekt) sorgte bei der jungen Frau für einen ungebremsten Heiterkeitsausbruch,

der den eh schon von Rückenschmerzen geplagten Tanzpartner am liebsten in den Boden versinken hätte lassen. Der nächste gemeinsame Tanzkurs wurde dennoch gebucht.
Um die immer komplizierter werdenden Schrittfolgen nicht zu vergessen, mussten die beiden in ihrer Freizeit fleißig üben. Diskotheken kamen dafür nicht infrage, da ging es auf der Tanzfläche genauso eng zu wie in ihren Einzimmerwohnungen, wo man bei der Tango-Promenade bereits nach wenigen Schritten unwillkürlich an die Wand anstieß. Zum Glück hatte das Paar eine andere, höchst individuelle Trainingsmöglichkeit entdeckt, wo es sich zumindest in der wärmeren Jahreszeit voll entfalten konnte: Senkte sich die Nacht über die Stadt, wurde das Auto auf einem großen, wenig frequentierten Parkplatz abgestellt. Sie legten eine Kassette mit Tanzmusik in den Rekorder und dann drehten sich die beiden unter freiem Himmel schwungvoll im Walzertakt oder stellten sich bei der Samba vor, über die Freiburger Bächle zu hüpfen – ganz so, wie es ihnen Eugen Fritz beigebracht hatte. Obwohl wenig später, nach dem Kinohit „Dirty Dancing", das Mambo-Fieber in Freiburg ausbrach, hängten die beiden irgendwann ihre Tanzschuhe an den Nagel.
Nicht so Eugen Fritz: Der fegt in seiner Tanzschule immer noch übers Parkett und ist zwischenzeitlich viermaliger Deutscher Meister der Professionals in den Lateinamerikanischen Tänzen, Dritter bei der Weltmeisterschaft der Professionals in der 10-Tanz-Kombination und Blackpool-Gewinner „Rising Stars" in den Lateinamerikanischen Tänzen (und dabei fehlen sogar etliche Auszeichnungen). Auch Bianca Schreiber und Hans-Reinhard Gahlke, die ihm anfänglich bei den Tanzstunden im „Rheingold" assistieren durften, heimsten später etliche Erfolge auf dem Parkett ein und wurden in den 90er-Jahren von Sportjournalisten gleich viermal in Folge zum „Tanzpaar des Jahres" gewählt.

Fast wie zu Hause – Das „Theater am Eck"

Wer sich im „Theater am Eck" traf, kannte sich. Zumindest vom Sehen. Für viele Besucher war die von Norbert Haas von 1981 bis 2001 geführte Eckkneipe eine Art verlängertes Wohnzimmer, wo man im Halbdunkeln und bei rauchgeschwängerter Luft an Holztischen und auf nicht wirklich bequemen Stühlen wahlweise die Welt revolutionierte, den guten Alt-68er-Zeiten nachtrauerte, den Journalismus neu erfand, über die Professoren an der Uni jammerte – oder selbst einer war. Die Atmosphäre war gechillt, obwohl es den Ausdruck damals noch gar nicht gab. Der Wein mundete und wer Hunger hatte, konnte zwischen Spaghetti, Tortellini oder Wurstsalat auswählen.

Eine kleine Bühne gab es auch, wo manch Freiburger Kabarettist die ersten Gehversuche machte und die fünf Herren von „Öl des Südens" bei ihrem ersten Auftritt mit a cappella die Wände zum Beben brachten. War die Bühne nicht gerade von Künstlern belegt, konnte man selbst darauf Platz nehmen.

Zu den Stammgästen im „Theater am Eck" gehörte in den 90ern eine schon etwas reifere dreiköpfige Lerngruppe, die auf dem zweiten Bildungsweg die Fachhochschulreife nachholte und fleißig auf die anstehende Deutschprüfung paukte. Thema war Bert Brechts „Der gute Mensch von Sezuan". Die gelben Reclam-Hefte nebst „Königs Erläuterungen" vor sich, daneben der Aschenbecher und ein Glas Rotwein – da rauchten nicht nur die Köpfe, zumal die Lernatmosphäre definitiv ansprechender war als in der Uni-Bibliothek oder zu Hause.

Und während die Zigaretten munter vor sich hin glimmten, wurde der Konflikt von Moral und Leben heiß diskutiert und hin und her interpretiert, was dem Trio oft amüsierte Seitenblicke von

anderen Gästen einbrachte, die ihren Abschluss bereits in der Tasche hatten.
Besonders schön war es im „Theater im Eck" jedoch im Sommer, wenn man im Vorgarten an drei (oder waren es vier?) weißen Mini-Tischen zwischen den schmucken Häuserfronten der Wiehre den Abend genießen durfte – allerdings nur bis punkt 22 Uhr, dann war dank einer äußerst empfindlichen Nachbarin Schluss.
Doch irgendwann kam er, jener regnerische Abend, an dem das „Theater am Eck" ein letztes Mal seine Tür öffnete. Mit viel Wehmut (und viel Alkohol, die Restbestände musste vernichtet werden) wurde bis tief in die Nacht Abschied gefeiert. Mit der Schließung ihrer Stammkneipe ließen manche ein Stückchen von sich zurück – und dazu noch gleich drei Regenschirme, die vor lauter Abschiedsschmerz schlicht in einer Ecke vergessen wurden.
Als beliebter Treffpunkt diente indes ab 1962 vielen überwiegend spanischen Nachtschwärmern die „Casa Espanola" mit ihren weiß gekachelten Wänden, allesamt Überbleibsel aus jener Zeit, als hier noch die Metzgerei Ludwig ihr Domizil hatte. Ursprünglich war die Lokalität in der Münzgasse, eingerichtet vom Erzbistum, als Treffpunkt für Gastarbeiter gedacht, um ihnen wenigstens ein kleines Stück Heimatgefühl in der Fremde zu verschaffen. In den 80er-Jahren, als das Franco-Regime der Vergangenheit angehörte und immer weniger Gastarbeiter benötigt wurden, kehrten jedoch viele der Spanier zurück auf die Iberische Halbinsel. Adiós „Casa"? Von wegen, denn jetzt entdeckten die Freiburger die Lokalität für sich – nebst Sherry, Tapas und dem unvermeidlichen „Osborne"-Stier. Vor allem an lauen Sommerabenden gab es im Hinterhof, wo ebenfalls bewirtet wurde, kein freies Plätzchen mehr. Seit 1998 hat die Casa in der Adelhauser Straße ein neues Domizil gefunden. Spanisch kommt es den Besuchern jedoch immer noch vor.

Der Mann mit dem grünen Lodenmantel

Wie er hieß, wusste kaum jemand. Auch nicht, wo er herkam oder wie alt er war. Trotzdem kannte ihn jeder Freiburger. Und jeder hatte einen anderen Namen für den Mann mit dem weißen wallenden Haar und dem Rauschebart: „Nikolaus“, „Rübezahl“, „Graf“, „Catweazle“ oder „Hastemanemark“. Ein Sohn vom Café Steinmetz soll er gewesen sein, ein Adeliger – oder war er etwa doch ein Nachkomme der Modehaus-Dynastie Kaiser?
Wie auch immer: Der groß gewachsene Mann im grünen Lodenmantel, den er sommers wie winters trug, gehörte zum Freiburger Stadtbild wie die Bächle und das Münster. „Gebt mir Geld“ oder „Hastemanemark“, pflegte er mit dröhnendem Bass zu sagen. Nicht wenige kamen seiner Aufforderung nach und drückten ihm Münzen in die Hand, obwohl hartnäckig das Gerücht umging, dass der Bittsteller in Wahrheit ein spleeniger Millionär war, der lieber auf der Straße lebte. Andere behaupteten wiederum, er sei Philosophie-Professor, der das Leben auf der Straße studierte. Oder war er etwa doch ein verkrachter Jurist, der die Nase voll von Paragrafen hatte? Kurzum, um den Mann mit dem grünen Lodenmantel ranken sich mehr geheimnisvolle Geschichten als um den Verbleib des Bernsteinzimmers.
Gesichert hingegen ist, dass er von etwa 1978 bis Ende der 90er-Jahre in der Fußgängerzone schnorrte, was das Zeug hielt. Was er mit dem erbettelten Kleingeld anstellte, war kein Geheimnis. Abends traf man ihn häufig im „O'dwyers“ an, wo er am Tisch vor einem Glas Kilkenny saß. Womit er vielen Studenten etwas voraushatte, denn der Genuss des dunklen Gebräus ging damals ganz schön ins Geld. Aber manchmal, wenn der Mann im Lodenmantel gut drauf war, schmiss er großzügig eine Runde für auf Bafög angewiesene Mitmenschen.

Die zwei Freundinnen, an denen er eines Abends vorbeistiefelte, gehörten allerdings nicht zum Kreis der Auserwählten. Als er eine der jungen Damen näher in Augenschein nahm, hoben sich vorwurfsvoll seine dichten Augenbrauen. Mit spitzem Finger deutete er auf die weiße Bluse, mit der sich eine der beiden in Schale geschmissen hatte. „Den Kragen hättest du auch sorgfältiger bügeln können", kritisierte er, bevor er sich kopfschüttelnd an einem Tisch niederließ und die Mädels sprachlos zurückließ – zumal der Mann schlicht recht hatte.
Wenn wir schon beim Thema Kleidung sind, diesbezüglich soll sich in dem Irish Pub in der Sedanstraße noch eine lustige Geschichte abgespielt haben. Als dort Halloween gefeiert wurde, durfte das Publikum über das schönste Kostüm abstimmen. Die Tür ging auf, der Mann mit dem Lodenmantel kam herein und die Gäste waren so begeistert, dass er den ersten Preis für das originellste Halloween-Kostüm verliehen bekam, über den er sich redlich gefreut haben soll.
Irgendwann war der Mann mit dem Lodenmantel verschwunden. Hatte er endlich geerbt und eine große Reise angetreten? Nicht ganz. Wie Journalisten herausfanden, war er nach Waldshut-Tiengen, den Ort seiner Kindheit zurückgegangen, wo er 2014 verstorben ist. Und endlich erfuhr man seinen richtigen Namen: Aimé de Palézieux. Womit sich zumindest jene Gerüchte bestätigten, dass durch die Adern des Mannes blaues Blut geflossen sei.

Misstöne beim Konzerthausbau

Das Enfant terrible der klassischen Musik Nigel Kennedy stellte auf der Bühne die Kaffeetasse ab, um freie Hand bei Vivaldis „Vier Jahreszeiten“ zu haben, die Garderoben-Damen mussten säckeweise Reisbeutel und Klopapierrollen einsammeln, um zu verhindern, dass die Fans der „Rocky Horrors Picture Show“ den Zuschauersaal in ein Tollhaus verwandelten. Es ist erstaunlich: Heute kann man sich als Freiburger das Konzerthaus gegenüber vom Bahnhof nicht mehr wegdenken. Dabei hatten viele beim Bürgerbegehren im Juni 1988 gegen den Bau gestimmt. Nicht, weil sie keine Musik mochten. Auch nicht, weil sie die kahle Stadthalle auf dem Messplatz als besonders prickelnde Location für diverse Veranstaltungen empfunden hätten, zumal es durch deren undichtes Dach oft genug hineinregnete und der Hausmeister nicht mehr hinterherkam, die vielen Löcher zu stopfen.

Nein, es ging schlicht um etwas anderes. Viele Freiburger waren der Ansicht, dass man mit den 90 Millionen Mark, mit denen das ehrgeizige Projekt veranschlagt wurde, etwas Vernünftigeres anfangen könnte. Und keiner hätte geglaubt, dass viele Gegner Jahre später selbst zu den Besuchern des Konzerthauses, das anfänglich unter dem Begriff KTS (Kultur- und Tagungsstätte) für Wirbel in der Stadt sorgte, zählen würden.

Die Idee, mit einem multifunktionales Haus einen Ort für Konzerte, Tagungen und Kongresse zu schaffen, kam erstmals 1983 auf den Tisch, als die Landesregierung Baden-Württembergs Fördermittel für den Musentempel in Aussicht stellte. Wie schon erwähnt, wurde in der Stadt nach Bekanntgabe der Pläne kein Jubelchor angestimmt. Im Gegenteil. Immer mehr Misstöne machten sich bemerkbar. Während die Baupläne im Gemein-

Gegen den Bau des heutigen Konzerthauses gab es heftige Proteste.

derat und bei Veranstaltern auf breite Zustimmung stießen, formierte sich eine Initiative aus Kreisen der Hausbesetzerszene, die unter anderem befürchtete, dass das Projekt zu viel öffentliche Mittel verschlänge, die an anderer Stelle, beispielsweise beim Wohnungsbau, schmerzlich fehlen würden.

Flugs wurde von den Konzerthausgegnern ein Quorum für eine Bürgerbefragung initiiert, die dafür erforderlichen 12000 stimmberechtigten Unterzeichner wurden mit 15338 noch getoppt und die Abstimmung für den 26. Juni 1988 angesetzt. Rund die Hälfte der Freiburger Stimmberechtigten schritt an diesem Sonntag beim ersten Bürgerentscheid in der Geschichte der Stadt zur Wahlurne.

Und dann folgte das, was der heutige Bürgermeister Dieter Salomon – der damals übrigens ebenfalls zu den Gegnern gehörte – aus heutiger Sicht als Glücksfall bezeichnete. Das Quorum scheiterte, obwohl die Konzerthausgegner mit 36439 Stimmen gegenüber 29289 Stimmen der Baubefürworter die Nase deutlich vorne hatten. Warum sie sich trotzdem nicht durchsetzen konnten? Ganz einfach: Das in der Gemeindeordnung festgelegte

Mindestquorum von 30 Prozent der stimmberechtigten Bürger, das bei 39 657 Stimmen und damit 3218 Stimmen über der erzielten Mehrheit lag, war schlicht nicht erreicht worden.
Dem Bau des Konzerthauses stand also nichts mehr im Weg. Am 28. Juni 1988 bestätigte der Gemeinderat den bereits gefassten Beschluss zum Bau des Gebäudes. Durch das große öffentliche Interesse, die Ablehnung vieler Bürger und gerichtliche Auseinandersetzungen verzögerte sich der Baubeginn mehrfach. Sage und schreibe dreizehnmal stand das Konzerthaus zur Abstimmung im Freiburger Gemeinderat, der sich allen Protesten zum Trotz regelmäßig für das Projekt entschied.
Am 2. Oktober 1992 fand die Grundsteinlegung, am 28. April 1994 das Richtfest statt. 1996 wurde das Konzerthaus feierlich eröffnet – musikalisch umrahmt vom Philharmonischen Orchester Freiburg, das in Zusammenarbeit mit mehreren Freiburger Chören die Gurre-Lieder von Arnold Schönberg aufführte.
Das alles konnte aber nicht darüber hinwegtäuschen, dass die Baukosten für das Konzerthaus durch die lange Planungs- und Bauphase deutlich (von geplanten 90 Millionen auf 148 Millionen Mark) höher als veranschlagt ausgefallen waren. Was etlichen bitter aufstieß. So ließen die Gegner selbst am Eröffnungstag als Zeichen des Protests bunte Raketen in den Himmel steigen.
Der nächste Wermutstropfen ließ nicht lange auf sich warten: Kurz nach Inbetriebnahme des Konzerthauses tauchten erneut Probleme auf. Dieses Mal akustischer Art, da der Schall sich in den 14 Meter hohen Raum über der Bühne verflüchtigte. Da das nun so gar nicht im Sinne des Erfinders war, wurden 2001 30 kreisrunde Schallsegel an der Decke über dem Bühnenraum angebracht. Zusammen mit den zwölf beweglichen Paravents ergaben sich daraus weitere Investitionen in Höhe von 800 000 Mark.

Kein Wunder, dass es angesichts der Kosten etliche von den Stühlen haute – im wahrsten Sinn des Wortes, denn die Sitzreihen erwiesen sich in den Anfangszeiten des Konzerthauses als recht wackelige Angelegenheit. Eine Erfahrung, die zwei Besucherinnen machten, die sich zu beherzt gegen die Plätze gelehnt hatten. Es schepperte gewaltig, als eine der Damen gleichzeitig mit drei Stühlen zu Boden ging – zum Glück in der Pause. Als Wiedergutmachung kamen die Freundinnen in den Genuss eines Upgradings und durften den zweiten Teil des Konzerts auf den besten Plätzen verfolgen.

Niemals! Das KKW Whyl

Gewehrt haben sich die Freiburger schon immer, wenn ihnen etwas nicht in den Kram passte. Beispielsweise 1968, als etwa 2000 Demonstranten, die meisten von ihnen Schüler, den Bertoldsbrunnen blockierten, um gegen die Erhöhung der Straßenbahnpreise zu demonstrieren. Die Veranstaltung endete mit einer Straßenschlacht, bei der in Freiburg erstmals Wasserwerfer eingesetzt wurden. Allein, der Protest war vergeblich, die Preise wurden erhöht.
Der zivile Ungehorsam der Freiburger sollte sich einige Jahre später auch außerhalb der Stadtmauern manifestieren. Schauplatz war Wyhl, eine kleine Gemeinde am Kaiserstuhl, wo auf Wunsch der Landesregierung ein Kernkraftwerk gebaut werden sollte, um das Musterländle wirtschaftlich zu stärken. Ohne das KKW Wyhl würden in Baden-Württemberg zum Ende des Jahrzehnts die ersten Lichter ausgehen, prophezeite der damalige Ministerpräsident Hans Filbinger 1975 im Landtag – zum Glück ein Trugschluss, wie sich erweisen sollte.

Zunächst gab es einen Bürgerentscheid mit dem Ergebnis, dass sich zwar 55 Prozent der Wyhler Wählerinnen und Wähler für den Verkauf des Baugeländes an den Kernkraftwerksbetreiber aussprachen, doch weite Teile der umliegenden Bevölkerung, darunter auch die Freiburger, das kalte Grausen angesichts der atomaren Gefahr befiel. Erstmals wehrten sich Bürger einmütig und massiv gegen ein geplantes Großprojekt ihrer Landesregierung.
Als am 17. Februar 1975 die Bauarbeiter begannen, den Rheinauenwald nahe der Rampe zu roden, reisten am folgenden Tag etliche Freiburger an den Kaiserstuhl. Seite an Seite mit Winzern, Gastwirten, Bauersfrauen, Arbeitern und Kindern besetzten hauptsächlich Studenten das Gelände und brachten die Baumaschinen zum Stillstand.
Am 20. Februar wurde der Platz erstmals mit Wasserwerfern geräumt und mit Stacheldraht umzäunt. Doch die Protestler ließen sich nicht vertreiben. Nach einer Großkundgebung am 23. Februar 1975, an der laut polizeilichen Angaben 28 000 Menschen teilnahmen, wurden die Barrikaden überwunden und der Platz erneut besetzt.
Menschen, die sich ansonsten vermutlich nicht viel zu sagen gehabt hätten, unterhielten sich auf Alemannisch, sangen gemeinsam Protestlieder und gründeten mitten im Wald eine Volkshochschule. Täglich informierte ein illegales Radio, das heutige Radio Dreyeckland, über die Vorkommnisse in Wyhl, und sympathisierende Bauern brachten den Demonstranten regelmäßig Essen vorbei.
Nach etwa acht Monaten wurde die Besetzung aufgegeben, um eine Verwaltungsgerichtsentscheidung abzuwarten. Die erste Instanz in Freiburg sprach eineinhalb Jahre später einen Baustopp aus. Im März 1982 wurde der Bau jedoch genehmigt.

Dennoch verzichtete die Landesregierung – jetzt unter Lothar Späth – angesichts des gewaltigen Protests auf das Kernkraftwerk. Wyhl wurde zum Mythos und der alemannische Slogan „Nai hämmer gsait“ der Gegner zum Symbol erfolgreichen bürgerlichen Widerstands. In Freiburg wiederum entwickelte sich ein breites ökologisch orientiertes Spektrum und die Stadt wurde zu einer der Hochburgen der neu gegründeten Partei „Die Grünen“.
Bundesweit geriet Freiburg in den 70er- und 80er-Jahren als Epizentrum der Hausbesetzerszene in die Schlagzeilen, denn es fehlte immer noch an Wohnraum für Studienanfänger. Gleichzeitig standen Häuser leer oder wurden luxussaniert. Zudem wünschten sich viele der Jugendlichen Orte, an denen sie selbst bestimmen konnten, wie sie leben wollten. Mit der Folge, dass zwischen 1971 und 1987 rund 40 Häuser in der Stadt besetzt wurden.
Zu den prominentesten Häusern zählte das Dreisameck, wo zeitweise bis zu 200 junge Leute lebten und das sich nach und nach zu einem Kulturzentrum entwickelte. Doch dann war Schluss mit lustig: Am 8. Juni 1980 wurde der Komplex geräumt. Den Passanten bot sich ein trostloser Anblick: Die Kaiser-Joseph-Straße, Schreiberstraße und Dreisambrücke waren mit Zäunen abgesperrt, dahinter standen rund 1200 Polizisten, die den Abriss der Gebäude und die Entkernung des Jugendstilhauses absicherten. In den nächsten Tagen wurde täglich gegen die Räumung demonstriert – und zwar in einer Dimension, die in der Schwarzwaldmetropole bis dato völlig neu war. Bis zu 10 000 Menschen waren in der Innenstadt unterwegs, um ihrem Unmut Ausdruck zu verleihen. „Ich habe noch nie so viel Menschen auf der Kronenbrücke stehen sehen“, erinnert sich ein Zeitzeuge.

Die Vertriebenen wiederum besetzten umgehend den Schwarzwaldhof zwischen Schwarzwald- und Talstraße.
Als am 4. März 1981 die Räumung des tags zuvor besetzten Hauses Moltkestraße 34 erfolgte, wurde der Höhepunkt der Auseinandersetzungen mit der sogenannten „Scherbennacht“ erreicht, bei der in der Innenstadt zahlreiche Schaufenster zu Bruch gingen.
Die Krawalle blieben nicht ohne Konsequenzen.
Am darauffolgenden Morgen wurde der Schwarzwaldhof von 4000 Polizisten umstellt und geräumt und alle Anwesenden erkennungsdienstlich behandelt. Am 13. März 1981 gingen rund 21 000 Menschen auf die Straße und forderten die Rückgabe des Schwarzwaldhofes. Auch in den folgenden Jahren wurden weitere Häuser besetzt, darunter die „Erbse“ in der Erbprinzenstraße und das Autonome Zentrum, kurz AZ, das 1985 unter ungeklärten Umständen abbrannte.

Die Proteste gegen das geplante Atomkraftwerk in Whyl waren erfolgreich, das KKW wurde nicht gebaut. Der Widerstand gegen das französische KKW Fessenheim und Demos für seine Stilllegung dauern an.

Freiburg zählte zu den Hochburgen der Hausbesetzer-szene.

Im Mai 1987 ließ Oberbürgermeister Rolf Böhme endgültig alle besetzten Häuser räumen, die Blütezeit der Hausbesetzungen fand zur Erleichterung vieler Freiburger ihr Ende.
Bis heute engagieren sich einige der damaligen Hausbesetzer im öffentlichen Leben der Stadt – zwischenzeitlich als gewählte Mitglieder im Freiburger Stadtrat.

Mit dem Bikini fing es an ...

Wussten Sie, dass die Welt den Bikini in gewisser Weise einem Freiburger zu verdanken hat? Valentin Lehr, so hieß der Mann, war ein sogenannter Lebensreformer und der Meinung, dass ein Badekostüm nur Brust und Schamgegend bedecken sollte, damit die Sonneneinwirkung nicht beeinträchtigt würde. Zudem wollte er der Prüderie, die im wilhelminischen Deutschen Reich herrschte, etwas entgegensetzen. Also kreierte er um 1900 herum den ersten Bikini. Zumindest in den Vereinigten Staaten stieß seine Idee auf lebhaftes Interesse, die Geburtsstunde der „Palm Beach Combination“ schlug dort in den 1920er-Jahren.

So weit, so gut. Bis der kesse Zweiteiler Mitte der 60er-Jahre seinen Siegeszug in unserer Familie antrat, genauer gesagt, am gut gebauten Körper der damals noch minderjährigen Cousine. Für heutige Verhältnisse war es ein sehr braves Modell: das Höschen verdeckte den halben Bauch, dazu gehörte ein riesiges Oberteil, das selbst den strengsten Sittenwächtern keinerlei Anlass zu Klagen gegeben hätte. Allein, unsere Familie war für solche modischen Experimente noch nicht so weit: Beim Anblick des knappen Kleidungsstückes tobte der Onkel wie ein Rumpelstilzchen, vom Verfall der guten Sitten (und weit Schlimmerem) war die Rede. Langer Rede kurzer Sinn: Der Zweiteiler wurde von ihm vor den entsetzten Augen der stolzen Besitzerin eigenhändig mit einer Schere in Einzelteile zerlegt und es war unwiederbringlich vorbei mit dem „Itsy Bitsy Teenie Weenie Honolulu Strandbikini“.

Weniger dramatisch verlief die Präsentation zweier Firmen im Freiburger Colombi-Hotel, die die neue Badekollektion für den Sommer 1965 vorstellten. Der „Mini-Bikini“, der im Sommer 1964 für Aufregung und „erhitzte Gemüter“ gesorgt habe, sei auch im Folgejahr wieder en vogue, schrieb die Badische Zeitung. Mit einer kleinen Einschränkung. Größtenteils seien Höschen und BH sehr knapp, sodass sie figürlich nicht ganz vorteilhaft aussähen, erfuhr der geneigte Leser weiter. Wie auch immer, voll im Trend lagen bei der Badekleidung Blumen, Streifen und Schachbrettmuster – sowohl für Damen als auch Herren. Und damit sind wir schon beim Thema Gleichberechtigung, da sowohl für Badehosen als auch Bikinis und Badeanzüge dieselben Karo- und Strei-

fendesigns kreiert wurden. Dem Partnerlook im Schwimmbad stand nichts mehr im Weg.
Tja, und dann gab es noch jenes schicke wie unvergessliche Modell aus rotem Frotteestoff, das sich im St. Georgener Schwimmbad regelmäßig derart mit Wasser vollsaugte, dass der damals neunjährigen Trägerin das Höschen nach Verlassen des Beckens schier bis zu den Knien zu rutschen drohte und es Stunden dauerte, bis das Teil endlich wieder trocken war. Schade, dass der stark strapazierte Zweiteiler irgendwann entsorgt werden musste – heute hätte er bestimmt Museumscharakter.
Mitte der 80er fielen die Hüllen in Freiburgs Freibädern, zumindest teilweise, und zwar bei den Damen. Angesagt war das Sonnen „oben ohne“, um sich lästige Streifen zu ersparen. Also knallte sich Frau, lediglich mit einem Höschen bekleidet, in der Mittagspause in die pralle Sonne. Blöd war nur, wenn die männlichen Kollegen auf dieselbe glorreiche Idee kamen und sich fröhlich dazugesellten.
Da der schnelle Griff nach dem Oberteil völlig uncool gewesen wäre, drehte Frau sich unauffällig auf den Bauch, um die Etikette zu wahren und kam, je nachdem, wie lang die Pause dauerte, mit rot verbranntem Rücken ins Büro zurück.

Ein singender Professor

Mediavistik, das ist die Wissenschaft vom europäischen Mittelalter. Dass das Fach an der Universität Freiburg ein echter Renner war, war vor allem einem Mann zu verdanken: Professor Konrad Kunze. Seine Hauptforschungsgebiete waren deutsche und lateinische Literatur des Mittelalters, Legenden- und

Stimmgewaltig: Professor Konrad Kunze begeisterte seine Studenten mit mittelalterlichen Gesängen.

Heiligenforschung, Ikonografie, Sprachgeschichte, Dialektologie und Namenforschung. Alter Krempel eben, wie ein Student Ende der 80er-Jahre befand. Eigentlich war er nur zufällig in eine der Vorlesungen geraten, doch was er erlebte, bringt ihn heute noch zum Schwärmen. Power-Point-Präsentationen gab es nicht, also musste sich Kunze etwas anderes einfallen lassen, um seine Zuhörer bei der Stange zu halten. Verblüfft horchte unser Student auf, als der Professor das erste Mal seine Stimme erhob. Nicht zum Referieren nüchterner Fakten, sondern – zum Singen. Denn Kunze hatte die Hits des Mittelalters voll drauf und bezauberte sein erstauntes Auditorium mit einer akustischen Wiedergabe des Palästinalieds von Walther von der Vogelweide. Sonor die Stimme, mittelalterlich die Harmonik und voller Inbrunst die Intonation, wie der Student erstaunt feststellte und fortan sein Studienfach nicht nur mit neuen Augen sah, sondern auch mit weit geöffneten Ohren den Mediavistik-Vorträgen seines Professors lauschte – und fortan zum Fan von mittelalterlichen Weisen wurde.

Nû lebe ich mir alrêrst werde,
sît mîn sündic ouge sihet
daz hêre lant und ouch die erde,
der man vil der êren gihet.
Nû ist geschehen, des ich ie bat:
ich bin komen an die stat,
dâ got mennischlîchen trat.

Nun erst lebe ich mir würdig,
seit mein sündiges Auge
das hehre Land und auch die Erde sieht,
die man so vieler Ehren rühmt.
Nun ist geschehen, worum ich immer bat:
ich bin an den Ort gekommen,
den Gott als Mensch betrat.

(Quelle für die Übersetzung: Hermann Reichert: Walther von der Vogelweide für Anfänger 3., überarbeitete Auflage. facultas.wuv, Wien 2009)

Emma, die Heißbegehrte

Emma war heiß begehrt. Vor allem nachts. Schließlich hatte die alleinstehende Dame allerlei zu bieten. Sie gab alles, was sie hatte. Gegen Geld, versteht sich. Unermüdlich und ohne rot zu werden – bis sie leer war. Denn Emma war für alle da, die nach

18.30 Uhr einkaufen wollten, wenn die Supermärkte bereits geschlossen hatten. Dank Emma ging das Bier auf diversen Partys nie aus und wer im Morgengrauen bereits Lust auf Kartoffelsalat oder Frikadellen verspürte, kam bei ihr ebenfalls auf seine Kosten.

Jahrzehntelang, an 365 Tagen im Jahr und rund um die Uhr rückte Emma ohne jegliches Hilfspersonal und ohne zu zicken Speis und Trank sowie die wichtigsten Dinge des täglichen Bedarfs heraus. Die Technik war so genial wie einfach: Man musste Geld einwerfen, den Zahlencode tippen, und wie von Zauberhand befördert, rutschten Klopapier, Konserven, Butter, Toastbrot oder Kondome in einen Kasten und mussten nur herausgenommen werden, bevor sich das Türchen wieder schloss. Besonders begehrt war Bier, das den Wunderautomaten gut gekühlt verließ.

Blöd war nur, wenn man im Eifer des Gefechts eine falsche Nummer drückte. Da konnte es schon passieren, dass man statt der gewünschten Ravioli unverhofft Hundefutter oder Schokolade in der Hand hielt, weil Emma so gar nicht mit sich reden ließ.

1998 wurde sie schließlich in Rente geschickt und an selber Stelle ein Laden für portugiesische Delikatessen eröffnet. Immer noch im Geschäft ist hingegen ihre Schwester, die fleißig an der Ecke Zähringer- und Waldkircher Straße ihren Dienst verrichtet.

Weitere Bücher aus der Region

Freiburg – einfach Spitze!
100 Gründe, stolz auf diese Stadt zu sein
Ute Wehrle
112 Seiten, zahlr. Farbfotos
ISBN 978-3-8313-2916-8

Aufgewachsen in Freiburg in den 40er und 50er Jahren
Renate Heyberger
64 Seiten, zahlr. Farb- und S./w.-Fotos
ISBN 978-3-8313-2019-6

Schwaben – Die Gerichte unserer Kindheit
Rezepte und Geschichten
Brigitte Fries
128 Seiten, zahlr. Farbfotos
ISBN 978-3-8313-2202-2

Weihnachtsgeschichten aus dem Schwarzwald
Kirsten Elsner-Schichor
80 Seiten, zahlr. S./w.-Fotos
ISBN 978-3-8313-2926-7

Wartberg-Verlag GmbH
Im Wiesental 1 34281 Gudensberg
www.wartberg-verlag.de

Bücher für Deutschlands Städte und Regione
Tel. 0 56 03 - 93 05 0
Fax. 0 56 03 - 93 05 28